JN039212

PsychoPy/ Pavloviaによる オンライン実験

十河宏行 [著]

朝倉書店

は じ め に

　インターネットを利用したオンラインでの心理学実験や調査は以前から行われていたが，2020年からの新型コロナウイルス感染症 (COVID-19) の流行により，実験室に参加者を呼ばずに実施できるオンライン実験にますます注目が集まるようになっている．2020年の日本基礎心理学会のシンポジウム，2021年の日本心理学会のチュートリアルワークショップなどでオンライン実験が取り上げられたほか，インターネット上でもオンライン実験に関する日本語での情報が多くみられるようになった．本書で紹介するPsychoPy Builderは心理学実験を作成してPythonのコードとして出力するアプリケーションだが，オンライン実験プラットフォームであるPavloviaで実行できるJavaScriptコードの出力機能を備えており，オンライン実験の開発環境としても利用可能である．筆者は自身のwebサイトで「PsychoPy Builderで作る心理学実験」というドキュメントを公開しているが (http://www.s12600.net/psy/python/ppb/)，オンライン実験に関する機能にはまったく対応できていない状態であり，早く対応させなければならないと思いつつもなかなか着手できずにいた．理由はいろいろあるが，PsychoPyは開発のペースが早く，書いている途中に次々と機能が追加されたり変更が行われたりするため「ここまでやればOK」というゴールがみえないという点が特に大きな負担となっていた．そのような中，オンライン実験について現段階で本にまとめる気はないかと声をかけていただき，締切が与えられればそれをゴールとして取り組むことができるだろうと考え執筆させていただくことにした．

　本書では，1〜3章にかけてPsychoPy Builderのインストールや基本操作から始めて，簡単な実験を作成しPavloviaにアップロードして実験を実施できるようにするところまでを解説している．4章では，オンライン実験の作成と実施からはやや離れるが，Pavloviaの重要な機能である実験の共有を取り上げている．5章では，4章で解説した共有機能を用いて公開しているチュートリアルを利用して，3章までに解説した実験よりも高度な実験手続きを実現するためのテクニックの数々を解説している．6章では発展的な話題として5章までの「実験を作成する」という形式で紹介しきれなかった機能や，PythonからJavaScriptへのコード変換を行う際に役に立ちそうな情報などをまとめた．PsychoPy Builderを初めて使う人から，Codeコンポーネントを使ってPythonのコードを組み込んだ実験を作成しているレベルの人まで，

幅広い読者に活用していただけると幸いである．できる限りほかの書籍の助けを借りずに読み進められるよう努力したつもりだが，特に 5 章，6 章は解説を省略した部分も多いので，詳しく学びたい方は先述の「PsychoPy Builder で作る心理学実験」や，朝倉書店から出版されている『PsychoPy でつくる心理学実験』(2020 年) などをあわせて読んでいただけると理解が深まるだろう．また，筆者の web サイトに本書のサポートページ (http://www.s12600.net/psy/python/pavlovia/) を用意しているので活用してほしい．

　本書は 2021 年度の卒業論文の実験に間に合うタイミングで出版できればよかったのだが，執筆を開始した時期や私自身の作業の遅さのせいでそれはかなわなかった．しかし一方で，執筆期間中に JavaScript コード出力機能が強化された PsychoPy バージョン 2021.2 が公開されたため，それを前提としたテクニックを紹介することができたのは幸運であった．2022 年度以降はどのような状況になっているのか予想もつかないが，いずれにしてもオンライン実験は，今後の心理学研究で広く活用されていくことになるだろう．本書がオンライン実験を始めようとする人々の助けになることを祈る．

　2022 年 4 月

十 河 宏 行

目　　次

準備をしよう

◆ 1.1　PsychoPy と Pavlovia

　本章では，次章以降で使用する PsychoPy と Pavlovia の準備を行う．作業に入る前に，PsychoPy と Pavlovia でオンライン実験を行うおおまかな流れを説明しておこう．図 1.1 は PsychoPy での作業の流れを示している．

　PsychoPy には Builder と Coder という 2 つのユーザーインターフェースがあり，Builder では「コンポーネント」と呼ばれる部品を並べて実験を組み立てていく．このようなインターフェースをグラフィカルユーザーインターフェース (GUI) という．Coder はプログラミング言語を使って実験を記述できる人向けのインターフェースである．本書では Builder を使用して実験を作成する．

　Builder で作成した実験を実行すると，PC が行う処理を記述した「スクリプト」というファイルが出力される (Coder の場合はこのスクリプトをユーザーが自分で記述する)．Builder が出力するスクリプトには，Python というプログラミング言語で書

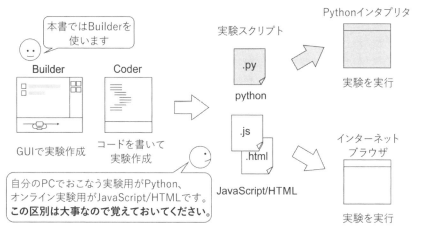

図 1.1　PsychoPy の働き

かれたものと，JavaScript というプログラミング言語で書かれたものの 2 種類がある．Python で出力するほうがさまざまなコンポーネントを利用した実験を作成できるが，JavaScript で出力すると Chrome や FireFox といったインターネットブラウザで実験を実行できる．本書ではインターネットブラウザを使ってオンラインで参加できる実験を作成するのが目標なので JavaScript がメインターゲットだが，できる限り Python と JavaScript の両方で動作する実験の作成を目指す．解説の中で実験の動作確認をするときに「Python で実行」「JavaScript で実行」といった表記を用いるので，この区別をしっかり覚えておいてほしい．

　さて，Builder を使って JavaScript のスクリプトを出力しても，そのままではオンライン実験は実施できない．実験に参加してくれる人が，インターネットを通じて実験スクリプトにアクセスできるようにする必要がある．そこで登場するのが Pavlovia である (図 1.2)．Builder で出力した実験を Pavlovia に転送していくつかの設定を行うと，インターネットからアクセスして実験に参加できるようになる．実験結果は Pavlovia に保存され，後でダウンロードすることができる．

　Pavlovia を利用するにあたって重要な点は，オンラインで実験に参加してもらう部分が有料なことである．PsychoPy は無料でダウンロードして使用できるし，Pavlovia もユーザー登録して実験をアップロードしたりダウンロードしたりする部分は無料である (Pavlovia はオンライン実験以外にも機能があるので，これはこれで意味がある)．支払いは実験結果を 1 回保存するたびに消費する「クレジット」を購入する方法と，大学や研究所などの研究機関で「機関ライセンス」を購入する方法がある．2021 年 10 月現在，クレジットは 1 回あたり 0.2 GBP (スターリング・ポンド)，1 GBP＝150 円で換算すると 30 円である．機関ライセンスは年間 1500 GBP (22 万 5000 円) であ

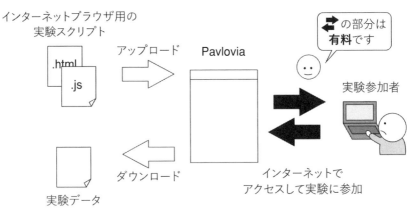

図 1.2　Pavlovia の働き

り，所属機関のメールアドレスで Pavlovia に登録したユーザーが対象となる.

　利用料のほかにもう1つ重要な点として，図 1.2 に示すように実験データが Pavlovia サーバに保存されることがあげられる. 一般に実験前の倫理審査ではデータの保管方法を明らかにすることが求められるが，最終的に Pavlovia のサーバからデータをすべて削除して研究機関で保管するにしても，一時的に Pavlovia サーバ上にデータがある状態となることは述べておく必要があるだろう. 利用料やデータ保管の問題を考えると，研究機関で独自のサーバを用意して運用したいと考える人もいるだろうが，残念ながら PsychoPy/Pavlovia の開発チームは，独自サーバでの運用を公式にサポートしていない. PsychoPy はオープンソースなので，十分な技術があればコードを解読して独自のサーバで運用することは不可能ではないだろうが，本書では Pavlovia サーバの利用を前提として解説する.

　前置きはこのくらいにして，次節では PsychoPy のインストールを始めよう.

◆ 1.2 PsychoPy のダウンロードとインストール

PsychoPy は，PsychoPy の公式 web サイト (`https://www.psychopy.org/`) から入手できる. 図 1.3 は 2021 年 10 月時点での公式 web サイトの様子を示している. ページ上部の Download と書かれているところをクリックすると，図 1.3 に示したように，推奨するバージョンのインストーラをダウンロードするためのリンクが表示される. ページの閲覧に使っている PC の OS を自動判別するので，Windows でアクセスすれば Windows 用，MacOS でアクセスすれば MacOS 用のインストーラが表示される. 図 1.3 で示されている部分の下には pip や Anaconda/Miniconda でのインストール方法も解説されているので，すでにインストール済みの Python 環境に PsychoPy をインストールしたい上級者はそちらを参照するとよい. Ubuntu などの

図 1.3　PsychoPy のダウンロード

Linux 系 OS でアクセスした場合は，インストーラではなく pip でのインストール方法が書かれている部分へのリンクが示される．

なお，本書の内容は PsychoPy 2021.2.3 で動作確認しているので，2021.2.3 より古いバージョンの PsychoPy を使用している人はアップデートすることをお勧めする．

Windows の場合は，ダウンロードしたインストーラを実行するとインストール作業が始まる．インストールする場所などを尋ねるダイアログが表示されるが，よくわからなければ何も変更せずに「はい」，Next, Install と書かれたボタンをクリックすればよい．新しいバージョンがリリースされた直後などには，「Windows によって PC が保護されました」などと表示されてインストーラの実行が停止することがあるが，その場合は「詳細情報」と書かれている部分をクリックすると「実行」を選べる．インストールが完了すると，スタートメニューのアプリケーション一覧に PsychoPy3 というグループができていて，その中にある PsychoPy3 という項目を選択すると PsychoPy を実行できる．

MacOS の場合は，ダウンロードした dmg ファイルを開いて，PsychoPy のアイコンを Applications フォルダへドラッグ＆ドロップすればよい．実行するには Applications フォルダ内の PsychoPy のアイコンをダブルクリックする．

PsychoPy を実行すると，図 1.4 左上のようなロゴが表示された後，複数 (通常は 3 つ) のウィンドウが表示される．初めて実行するときはかなり時間がかかることがあ

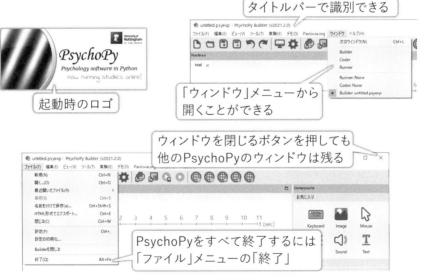

図 **1.4** PsychoPy のウィンドウ

るので，しばらくは様子を見守ってほしい．PsychoPy は Builder，Coder，Runner
の3つのウィンドウで構成されている．Builder，Coder，Runner のウィンドウを区
別するには，ウィンドウのタイトルバーをみればよい．例えば Builder であれば，図
1.4 右上に示すように，ウィンドウのタイトルバーに PsychoPy Builder と書いてあ
る．3つのウィンドウが開いていない場合や，誤っていずれかのウィンドウを閉じて
しまった場合は，残っている PsychoPy のウィンドウにある「ウィンドウ」メニュー
から開くことができる．例えば Builder のウィンドウが開いていないなら，Coder か
Runner のウィンドウをみつけて，その「ウィンドウ」メニューから Builder という
項目を選べばよい．

　PsychoPy を終了するときは，図1.4 下に示した「ファイル」メニューの「終了」を
選ぶ．ウィンドウの「閉じる」ボタンをクリックすると，そのウィンドウが閉じるだ
けで PsychoPy のほかのウィンドウは残ったままになるので注意してほしい．

ここで行う作業

- PsychoPy をダウンロードしてインストールする．すでに PsychoPy を使用して
  いる人も，バージョンが 2021.2.3 より古い場合はアップデートする．
- PsychoPy を起動し，Builder，Coder，Runner のウィンドウがあることを確認
  する．もしいずれかのウィンドウがなければ，メニューの「ウィンドウ」からその
  ウィンドウを開く．
- Builder，Coder，Runner のウィンドウが表示されている状態から Builder のウィ
  ンドウを閉じて，Coder と Runner が残っている（PsychoPy は終了していない）
  ことを確認する．確認したら，メニューの「ウィンドウ」から Builder を開き直す．
- メニューの「ファイル」の「終了」を選択し，Builder，Coder，Runner がすべ
  て閉じる（PsychoPy が終了する）ことを確認する．

 ## 1.3　Pavlovia のユーザー登録

　PsychoPy をインストールできたら，続いて Pavlovia にユーザー登録しよう．
Pavlovia の URL は (`https://pavlovia.org/`) である．図 1.5 上は 2021 年 10 月
現在の Pavlovia のトップページを示している．まだ Pavlovia を使ったことがなけれ
ば，ページ上部に Sign In/Register と書かれている項目があるので，こちらをクリッ
クする．すると，図 1.5 下のようなフォームが表示される．一番上に Sign In と書か
れたタブと Register と書かれたタブがあるが，ユーザー登録をする場合は Register
をクリックして，必要な情報を入力していく．

図 1.5　Pavlovia へのユーザー登録

　Full name には，日本語の文字や記号を使わずに半角アルファベットで入力する（日本語入力を OFF にして入力する）ことをお勧めする．Username には，オンライン実験を実施する際に参加者に伝える URL の一部に使用されるので，半角のアルファベットや数字を使った入力しやすい名前を入力しよう．ただし，Username を数字のみにするのは避けたほうがよい．Username に希望の名前を入力したときに入力欄の枠が赤色になって "Username is already taken." と表示された場合は，その名前はすでに使われているのでほかの名前にする必要がある．

　Email にはメールアドレスを入力すればよいが，機関ライセンスを使用する予定ならば，機関から発行されているメールアドレスを登録すること．というのも，Pavloviaはメールアドレスを頼りにユーザーが機関のメンバーであるかを判別するからである．自信がない場合は，機関ライセンスの管理者に確認することを強くお勧めする．

　Password には，2021 年 10 月現在「10 文字以上で，大文字のアルファベット，小文字のアルファベット，0～9 の数字，#や_などの特殊記号をそれぞれ 1 文字以上含む」という条件がつけられているので，この条件を満たすパスワードを決めて入力する．Full name, Username, Email, Password をすべて入力し，一番下の Registerをクリックすると登録は完了である．

図 1.6　Pavlovia のライセンスを確認する.

　登録が終わると，自動的に図 1.6 のようなページに移動する．ページ最上部に Docs，Explore，Dashboard，Store，Sign Out と並んでいるのがメニューで，少々わかりにくいのだが図 1.6 に示されているのは Dashboard のページである．そして，すぐ下に Profile，Experiments，Participants，Credits と並んでいるのは Dashboard のメニューである．こちらは Profile の下に線が引かれていて，Profile のページであることがわかりやすく示されている．

　Profile ページで確認しておきたいことは，まずページ左中央付近に書かれているユーザー名やメールアドレスが正しいこと，そしてその下の License という欄の内容である．もし機関ライセンスでカバーされない個人ユーザーとして登録したのなら，License の欄に "You are not covered by a license." と書かれているはずである．機関ライセンスのユーザーの場合は "You are covered by the following license:" と書かれていて，続けて機関名 (institute)，ライセンス ID，ライセンスの有効期限 (expiration date)，ライセンスの管理者 (license manager) といった情報が書かれているはずだ．自分のアカウントが意図通りの扱いになっているか確認し，もし違っていたら登録したメールアドレスに問題がないかもう一度確認したうえで，機関ライセンスの管理者に相談しよう．

　1.1 節で述べた通り，個人ユーザーの場合はオンライン実験の結果を保存する際にクレジットを消費するので，実験の前にクレジットを購入しておく必要がある．クレ

図 1.7　クレジットを購入する.

ジットを購入するには，ページ上部のメニューの Store をクリックして Pavlovia スト
アへ移動する．図 1.7 上に Pavlovia ストアのスクリーンショットを示す．Pavlovia
Credits と書かれている項目をクリックすると，図 1.7 下のようにクレジット購入数を
決定する画面になる．スライダーを左右に動かして調整するか，スライダーの左下にあ
る Credit という欄にキーボードを使って直接購入数を入力できる．なお，Credit の
欄の右に Bonus という欄があるが，これは一定数以上のクレジットを購入したときに
もらえるボーナスクレジットの数を示している．2021 年 10 月現在，500 クレジット
以上を購入すると購入数の 10%のボーナスクレジットがもらえる (端数は四捨五入).

「Pavlovia に興味はあるけど，まだクレジットを購入する気にはなれない」という
場合は，この時点では購入せずに本書を読み進めてほしい．ブラウザ上でどのように
実験が動作するか，どんな実験を作ることができるのかといったことは，クレジット
がなくても体験可能なので，ひととおり体験した後に購入するかどうか決めるといい
だろう．また，クレジットには期限がないので，すぐにオンライン実験を開始する予
定がなくても研究費に余裕があるなら購入してしまって問題ない．購入数を決定して

左下のクレジットカードのロゴが並んだボタンをクリックすると，支払い情報の入力フォームが表示される．

　もし所属機関で機関ライセンスの導入を検討しているのなら，Pavlovia ストアの Institution License という項目をクリックして，表示されるフォームに研究機関名や申請者の氏名，E メールアドレスなどの必要な情報を入力して送信する．Pavlovia を運営している OpenScienceTools 社から連絡があるので，その指示に従って手続きを進めてほしい．

　以上で PsychoPy と Pavlovia の準備ができた．次章では簡単な実験を作りながら Builder の基本操作を解説する．

最初の実験を作成しよう：
Stroop 課題

 2.1 Builder での実験作成の流れ

Builder の実験は以下の要素から構成される．Builder の表示は日本語化されているが，これらの要素は英語で表記されているので英語も併記しておく．

コンポーネント (Component)　図形描画，音声再生，キーボードやマウスを用いた反応計測などを行う部品．パラメータを変更することで動作を細かく調整できる．

ルーチン (Routine)　コンポーネントをまとめて課題画面などを組み立てたもの．

フロー (Flow)　ルーチンを提示する順番に並べたもの．繰り返し (Loop) を設定できる．繰り返しにあたって，ルーチン内のコンポーネントのパラメータを変更できる．

具体的な例があったほうがわかりやすいので，本章では Stroop 課題を題材に考えてみよう．Stroop 課題では，赤色や緑色で書かれた文字が提示され，実験参加者は文字の色を答えるように求められる．この課題において，文字が色を表す単語であり，なおかつ文字色とは異なる色を表している (例えば赤色で「みどり」と書かれている) 場合に反応速度や正答率にどのような影響が生じるかを調べるのが目的である．反応には口頭，キー押しなどいろいろな方法が用いられるが，ここではキー押しで反応することにしよう．

キー押し反応で Stroop 課題を行う手順の一例を，図 2.1 に示す．横一列に並んでいる 3 つの長方形は PC の画面に表示する内容を表し，黒い矢印は表示順序を表す．最初に，画面上にこれから行う課題についての教示を表示する．教示に続いて画面上に文字を表示し，実験参加者が文字色を判断してキーを押すのを待つ．キーが押されたら反応時間と押されたキーを記録する．以後，文字と文字色を変更しながら文字の表示と反応の記録を繰り返す．繰り返しが終了したら，最後に実験が終了したことを実験参加者に伝える画面を表示する．実際の実験では本番の前に練習を設けるなどの工夫が必要だが，本章は Builder の使い方を覚えるのが目的なので，あまり複雑にしないようにしておこう．使用する刺激も，単語として「あか」「みどり」の 2 種類，文字色として赤色と緑色の 2 種類を組み合わせた合計 4 種類のみとして，反応方法は「文

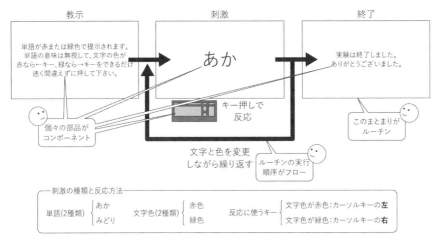

図 2.1 Stroop 課題を Builder のコンポーネント，ルーチン，フローで表現する.

字色が赤色ならカーソルキー (矢印が書かれているキー) の左，緑色ならカーソルキーの右」としよう.

さて，図 2.1 において，PC の画面を表す 3 つの長方形がルーチンである．それぞれのルーチン内で表示されている文字 (テキストと呼ぶ) や，キー押しを待つ動作に対応するのがコンポーネントであり，テキストの内容や大きさ，位置を決めたり，どのキーが押されるのを待つのかを決めたりするのがコンポーネントのパラメータである．そして，ルーチンの順番を示す黒い矢印がフローである．2 つ目のルーチンを囲んでループした矢印が描かれているように，フローではルーチンを繰り返し実行するように設定できる．また，ループした矢印に「文字と色を変更しながら繰り返す」と書かれているように，心理学実験では課題の一部だけを変更しながら繰り返すという手続きがよくみられる．Builder のフローでは，Excel などで作成した表を読み込むことによって，ループ内に含まれるコンポーネントのパラメータを変更しながら繰り返しを行うことができる.

それでは，図 2.1 を念頭に置いて，Builder で Stroop 課題を作成してみよう.

2.2 まず刺激を作る

PsychoPy を起動して，Builder のウィンドウを開いてほしい．Builder のウィンドウは大きく 3 つの枠に分割されていて，そのひとつひとつをペイン (pane) と呼ぶ．図 2.2 左のように目盛が描かれた広くて空白のペインをルーチンペイン，図 2.2 右に示したアイコンが並んでいる縦長のペインをコンポーネントペインと呼ぶ．ルーチン

ルーチンペイン   コンポーネント
ペイン

図 2.2　ルーチンペインとコンポーネントペイン

ペインの左上に小さく trial と書かれている部分をタブと呼ぶ．この trial というのは
Builder を起動したときに自動的に作られるルーチンの名前で，「今は trial ルーチン
の中身を表示していますよ」ということを示している．最初はルーチンの中身は空っ
ぽなので，目盛以外は何も表示されない．実験を作成する途中でルーチンを追加する
と，ルーチン名が書かれたタブが追加されていく．

　コンポーネントペインには，実験作成に使用できるコンポーネントのアイコンが並
んでいる．コンポーネントはその働きによっていくつかのカテゴリに分類されている．
図 2.2 右で「刺激」「反応」「カスタム」などと書かれているのがカテゴリで，この部分
をマウスで左クリックするとカテゴリに含まれるコンポーネントの表示を ON／OFF
できる (図は「お気に入り」以外すべて表示が OFF になっている状態)．アイコンの
下に Keyboard とか Mouse とか書かれているのはコンポーネントの名前である．本
書では以後，この名前でコンポーネントを指し示すことにする．つまり，「Keyboard
コンポーネント」とは，コンポーネントペインで Keyboard と書かれたアイコンで表
されるコンポーネントを指す．

　それでは，trial ルーチンの中身を作成していこう．ルーチンの中身を作成するには，
そのルーチンで提示したい刺激や測定したい反応に対応するコンポーネントをルーチ
ンに配置していく．コンポーネントを配置するには，コンポーネントペインに表示さ
れているアイコンをクリックすればよい．インストール直後の状態ではコントロール
ペインの「お気に入り」の中に含まれているが，もしみつからなければ「刺激」カテゴ
リを開く (つまり「刺激」カテゴリをクリックして内容を表示する) と表示されるはず
である．Text コンポーネントのアイコンをクリックすると，図 2.3 左のようなダイア
ログが表示される．これをプロパティダイアログと呼び，プロパティダイアログ内に
表示されている「名前」「開始」「終了」などの項目をプロパティと呼ぶ．本書では以

図 **2.3** コンポーネントを配置するとプロパティダイアログが表示され，さまざまな設定を編集できる．

後，プロパティを［名前］［開始］［終了］のように［］で囲んで表記する．プロパティはダイアログに入りきらないほど多く，ダイアログ上部にある「基本」「レイアウト」などのタブをクリックして表示を切り替える．ここでは以下の作業を行って，ダイアログ右下の OK ボタンをクリックしてほしい．

ここまでの作業

- 「基本」タブにある［文字列］に最初から入力されている内容を削除し，「みどり」と入力する（「」は不要）．
- 「外観」タブにある［前景色］を red に書き換える．

作業が終われば，図 2.4 左のようにルーチンペインに Text コンポーネントのアイコンと，その右に青いバーが表示される．この青いバーはコンポーネントが有効である時間帯を示しており，上の目盛がルーチンが実行されてからの時刻を示している．目盛の右端に t (sec) と書かれているように，単位は秒である．青いバーが目盛の 0 から 1 まで伸びているので，ルーチンが実行されるとただちに開始され，1 秒後に終了することがわかる．プロパティを修正したい場合は，ルーチンペインに表示されているコンポーネントのアイコンまたは隣の青いバーの上でマウスの左ボタンをクリックすると，再びプロパティダイアログが表示される．

間違えて配置してしまった場合など，コンポーネントを削除したいときは，削除したいコンポーネントのアイコンまたは隣の青いバーの上でマウスの右ボタンをクリックし，表示されたメニューの「削除」を選択する．ほかにも，図 2.4 右に示したウィンドウ上部にあるボタンをクリックして直前の操作を取り消すことができる．操作の取り消しは，コンポーネントの削除に対しても有効なので，誤って消してしまったものをもとに戻したい場合にも使える．

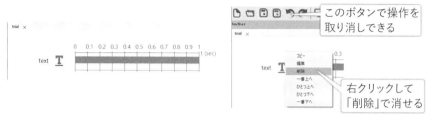

図 **2.4** 左：ルーチンに Text コンポーネントが配置された様子. 右：配置したコンポーネント
の削除.

ここまでの作業

- 配置した Text コンポーネントの上でマウスの右ボタンをクリックし,「削除」を
  選択してコンポーネントを削除する.
- 図 2.4 右に示したボタンをクリックして削除を取り消す.

　ここまでの作業の成果を確認するため, この Text コンポーネントを 1 つ配置した
だけの「実験」を実行してみよう. JavaScript より Python で実行するほうが手順が
少ないので, 確認のためにちょっと実行するときは Python を使うのが楽である.
　実験を実行する前には必ず実験を保存しなければいけないのだが, ここで絶対に忘
れないようにしておいてほしい点が 1 つある. それは, 必ずひとつひとつの実験に専
用のフォルダを作成して, その中に保存するということである. 詳しくは 3 章で解説
するが, Pavlovia でオンライン実験を行うには, 実験に必要なファイルや実験データ
をまとめて管理する「プロジェクト」というものを作成する必要がある. 実験をそれ
ぞれ個別のフォルダに保存しておくと, Pavlovia へ実験を転送する際にプロジェクト
を作るのが簡単になる. フォルダ名は自由だが, ここでつけるフォルダ名とプロジェ
クト名を一致させておかないと後で対応関係がわかりにくくなることと, プロジェク
ト名は実験参加者がアクセスするときの URL の一部になることから, URL として使
えない文字や入力しにくい文字は避けたほうがよい. 本章では Stroop 課題を作って
いるので, Stroop_test という名前のフォルダを作成することにする. Builder は閉じ
ずにそのまま置いておき, デスクトップやドキュメントフォルダ, USB メモリなど,
アクセスしやすい場所に Stroop_test フォルダを作成しよう.
　Stroop_test フォルダを作成したら, Builder に戻って実験を保存する. 実験の保存
は Builder ウィンドウの「ファイル」メニューから「名前を付けて保存」を選ぶか, 図
2.5 に示すボタンをクリックすると保存できる. 保存場所として Stroop_test フォルダ
を選び, Stroop_test.psyexp という名前で保存しよう. このファイルには Builder で
作成した実験の設定が書き込まれており, Builder を終了してしまった後でもこのファ

図 2.5 実験の保存，Runner に登録，登録して実行ボタン.

イルを Builder で開けば作業を再開できる．本書では，このファイルを psyexp ファイルと表記する．ファイル名の後半の.psyexp は拡張子と呼ばれるもので，PsychoPy の実験ファイルであることを表している．拡張子の前の部分はフォルダ名と一致させておくと後々管理しやすいだろう．なお，末尾が.psyexp ではない名前で保存しようとすると，Builder によって自動的に.psyexp が補われる．

ここまでの作業

- Builder はそのままにしておいて，Stroop_test というフォルダを作成する.
- Builder の「ファイル」メニューの「名前を付けて保存」を選ぶか図 2.5 の保存を
  クリックして，Stroop_test フォルダに実験を Stroop_test.psyexp という名前で
  保存する.

保存ができたら，いよいよ実験の実行である．実行は Builder からではなく Runner から行う．Builder ウィンドウの上部にある図 2.5 に「Runner に登録」と示したボタンをクリックすると，自動的に Runner のウィンドウが開いて，図 2.6 左のように Runner ウィンドウの左上に Stroop_test という項目が表示されるはずである (この例では D:\Experiments に Stroop_test フォルダを作成している)．Python で実験を実行するには，図 2.6 に「実験を Python で実行」と示したボタンをクリックする．ボタンが灰色っぽくなっていてクリックできない場合は実験が選択されていないので，

図 2.6 左：Runner に実験が登録された状態．縦に並んでいるボタンから実験の実行，中断が
できる．右：実行すると最初に表示されるダイアログ (実験情報ダイアログ).

図 2.6 の「登録された実験」のところに表示されている実験名をクリックする.

実験が実行されると，図 2.6 右に示したような小さなダイアログが表示される (PC の性能によっては表示されるまで数十秒ほど時間がかかる). これは実験の実行直前に参加者の情報やパラメータを入力するダイアログで，本書では実験情報ダイアログと呼ぶ. ダイアログには標準で participant と session という項目があり，participant に入力した文字列は実験データを保存するファイルの名前に使われる. 空白のままでも実行は可能なので，実験の動作をテストするだけのときは空白のままでも問題ない. 実験情報ダイアログの OK ボタンをクリックすると，PC の画面全体が灰色になり，しばらくして赤色の文字で「みどり」と表示されるはずである. 文字は 1 秒で消えて，その後，灰色の画面からもとの画面に戻る.

この時点で Runner のウィンドウの下部を確認すると，「標準出力」という欄に図 2.7 上のように短いメッセージが表示されているはずである. "Running:" の後に続く文字列が実行した実験のファイル名で，"Experiment ended." という行が出力されていれば実験が終了している. なお，実験ファイル名の最後が Stroop_test.psyexp ではなく Stroop_test_lastrun.py となっているのは，Builder が実験を実行するために生成した Python スクリプトのファイル名が表示されているからである.

しばらく待っても実験情報ダイアログが表示されなかったり，実験情報ダイアログで OK ボタンをクリックして画面が灰色になった後，期待通りの刺激が表示されずにすぐにもとの画面に戻ってしまったりした場合も，Runner ウィンドウの「標準出力」を確認してほしい. 図 2.7 下のようにエラーメッセージが表示されている場合がある. ある程度 PsychoPy に習熟してくると，このメッセージからどこで問題が発生したのかを推測できる. 初心者がこのメッセージから独力で問題点を突き止めるのは難しいかもしれないが，詳しい人に相談する際に「刺激が表示されずに画面がもとに戻って

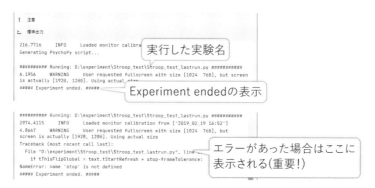

図 2.7 　上：Runner の「標準出力」という欄に実行結果の情報が表示される. 下：期待通りに動かなかった場合は，標準出力に重要な情報が出力されているので必ず確認する.

しまった」などといった現象に加えてこのメッセージを一緒に報告すると問題が早く解決する可能性が高くなるので，しっかり確認する習慣をつけよう．

　Python での実験実行の手順は以上である．実験の作成途中には，Builder で少し実験を修正して，実行して確認するという作業を繰り返すことがよくある．こういったときは，Builder 上から図 2.5 に「登録して実行」と示したボタンをクリックすると，Runner への登録と実験の実行を一気に行ってくれる．便利なので覚えておくとよい．

　ここまでの作業
- Runner に実験を登録して，Runner から実験を実行する．
- 実験終了後，Runner の「標準出力」に表示されている内容を確認する．
- Builder から「登録して実行」ボタンをクリックして，実験の実行まで一気に行われることを確認する．

　これで画面に刺激を描くことができたが，文字と色の組み合わせが異なるさまざまな刺激を表示できなければ実験にならないし，参加者の反応も測定しなければならない．次節ではまずキーボードで反応を測定することを考えよう．

 ## 2.3　キーボードで反応を測定する

　心理学実験において参加者の反応を測定する方法はいろいろあるが，本書の目的であるオンライン実験を考えるとキーボードとマウスが基本であろう (タッチパネルはマウスに含まれる)．PsychoPy ではマウスよりキーボードのほうが扱いが簡単なので，本章ではまずキーボードを使って PsychoPy での反応測定の方法を学ぶことにする．前節で作成した Stroop_test.psyexp の続きから作業をするものとする．

　キーボードで反応を測定するには，Keyboard コンポーネントを使う．図 2.8 左上に，Keyboard コンポーネントのアイコンを示す．Text コンポーネントと同様，インストール直後の状態ではコンポーネントペインの「お気に入り」に含まれているが，もしみつからなければ「反応」カテゴリを開くとその中にあるはずである．Keyboard コンポーネントのアイコンをクリックすると，図 2.8 右上のようなプロパティダイアログが表示される．先ほどの Text コンポーネントのプロパティダイアログと比べると，[名前] や [開始] [終了] などの共通している項目と，それぞれのコンポーネントに固有の項目があることがわかる．ここでは [検出するキー] を変更してみよう．PsychoPy では表 2.1 に示すように各キーに名前が割り当てられており，Keyboard コンポーネントは [検出するキー] に名前が書かれているキーが押されたときだけ「反応があった」と判定する．現在作成している Stroop 課題ではカーソルキーの左と右

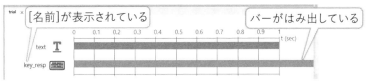

図 **2.8**　左上：Keyboard コンポーネントのアイコン. 右上：Keyboard コンポーネントのプロ
パティダイアログ. 下：Keyboard コンポーネントを配置した様子.

しか使用しないので，'left','right' に変更すればよい. ' や，といった記号には
意味があるので，この通りに変更してほしい. , は日本語入力を ON にしているとき
に入力される幅の広い (「全角」と呼ばれる)「, 」とは別の文字なので，入力する際は
日本語入力を OFF にすると安心である.

　OK ボタンをクリックしてプロパティダイアログを閉じると，ルーチンペインに図
2.8 下のように Keyboard コンポーネントが表示される. ここで注目してほしい点が
2 つある. まず，ルーチンペインに表示されている Keyboard コンポーネントのアイ
コンの左にコンポーネント名の Keyboard ではなく key_resp と表示されていること
である. これはプロパティダイアログの [名前] に入力されていた文字列に対応してい
る. この [名前] は PsychoPy の実験によって保存されるデータファイルを読むとき
(2.5 節) や，コードからコンポーネントを参照するとき (5.1 節) に重要な役割を果た
す. もう 1 つの注目すべき点は，Keyboard コンポーネントの右側のバーがルーチン
ペインの右端からはみ出して伸びていることである. これは，図 2.8 右上に示したプ
ロパティダイアログの [終了] が空白になっていることに対応している. [終了] が空
白のコンポーネントは，実行を中断されるまでずっと動作し続ける. [終了] が空白の
コンポーネントが 1 つでもあるとルーチンはいつまでも終了しないので，なんらかの
方法で終了させる必要がある. 方法はいくつかあるが，そのひとつが Keyboard コン
ポーネントの [Routine を終了] という項目である (図 2.8 右上). この項目がチェッ
クされていると，キー押しが検出されたときに実行中のルーチンが終了され，実行中
だったコンポーネントはすべて中断される.

表 2.1 PsychoPy のキー名

キー名	対応キー	キー名	対応キー	キー名	対応キー
escape	ESC キー	f1	F1	a	A
pageup	PageUp キー	f2	F2	b	B
pagedown	PageDown キー	f3	F3	c	C
end	End キー	f4	F4	d	D
home	Home キー	f5	F5	e	E
delete	Del キー	f6	F6	f	F
insert	Ins キー	f7	F7	g	G
backspace	バックスペースキー	f8	F8	h	H
tab	タブキー	f9	F9	i	I
lshift	左シフトキー	f10	F10	j	J
rshift	右シフトキー	f11	F11	k	K
lctrl	左 Ctrl キー	f12	F12	l	L
rctrl	右 Ctrl キー	minus	-	m	M
lalt	左 Alt キー	asciicircum	&	n	N
ralt	右 Alt キー	backslash	\	o	O
left	←	bracketleft	[	p	P
down	↓	bracketright	]	q	Q
right	→	semicolon	;	r	R
up	↑	colon	:	s	S
num_0	0 (テンキー)	comma	,	t	T
num_1	1 (テンキー)	period	.	u	U
num_2	2 (テンキー)	slash	/	v	V
num_3	3 (テンキー)	at	@	w	W
num_4	4 (テンキー)	return	Enter キー	x	X
num_5	5 (テンキー)	1	1	y	Y
num_6	6 (テンキー)	2	2	z	Z
num_7	7 (テンキー)	3	3		
num_8	8 (テンキー)	4	4		
num_9	9 (テンキー)	5	5		
num_add	+ (テンキー)	6	6		
num_subtract	- (テンキー)	7	7		
num_multiply	* (テンキー)	8	8		
num_divide	/ (テンキー)	9	9		
num_decimal	. (テンキー)	0	0		

[Routine を終了] を利用すると，キーが押されるまで刺激を提示するという動作を実現できる．すでにルーチンに配置済みの Text コンポーネントのプロパティダイアログを開いて，[終了] の値 (初期値から変更していなければ 1.0) を削除して空白にしよう．OK ボタンをクリックしてダイアログを閉じると，Text コンポーネントのバーもルーチンの右端からはみ出した状態になるはずである．ここまで作業できたら実験を実行し，キーを押さなければずっと文字が表示されたままになること，キーボードのスペースキーやアルファベットのキーを押しても反応しないこと，そしてカーソル

キーの左右どちらかを押すと実験が終了することを確認しよう.

ここまでの作業

- Keyboard コンポーネントを配置し，[検出するキー] を'left'，'right' に変更する.
- 配置済みの Text コンポーネントのプロパティダイアログを開き，[終了] を空白にする.
- 実験を実行し，カーソルキーの左右を押すまで文字が表示され続けることを確認する.

以上でキーボードから参加者の反応をとって，それに合わせてルーチンを終了できるようになった. 反応がどのようにファイルに保存されるかは，ループについて学んだ後のほうが解説しやすいので 2.5 節で取り上げる.

 2.4　パラメータを変更しながら繰り返す

ここまで作成してきた「実験」は，ただ「みどり」と赤色の文字で表示するだけだったが，本節ではいよいよ文字やその色を変更しながら試行を繰り返すことができるようにする. Builder でこのような動作を実現するには，繰り返し毎に変更したいパラメータをまとめた Microsoft Excel の xlsx 形式ファイル (以下，xlsx ファイル) を使用する. 本書では以後，このファイルを条件ファイルと呼ぶことにする. 条件ファイルにはカンマ区切りのテキストファイルも使用できるが，日本語の扱いで注意が必要なので，Excel の使用を勧める. Excel をもっていなくても，xlsx ファイルを保存できるソフトウェア (LibreOffice Calc など) があれば代用できる.

さて，ここまで本書を読みながら作業をしてきたなら Builder と Runner のウィンドウが画面に開いているはずだが，これらのウィンドウは閉じずに残したまま (邪魔なら最小化してもよい) Excel を起動して，A〜D 列の 1〜5 行目まで，図 2.9 のよう

	A	B	C	D	E
1	word	word_color	correct_ans	interference	`— 列見出し`
2	あか	red	left	n	`— 条件1`
3	あか	lime	right	y	`— 条件2`
4	みどり	red	left	y	`— 条件3`
5	みどり	lime	right	n	`— 条件4`
6					

図 2.9　条件ファイルの作成

に入力しよう．1 行目は列の見出しで，Builder から A 列の値を word，B 列の値を word_color といった名前で利用できるようになる．本書では以後，各列の値をパラメータと呼び，列見出しに入力した文字列をパラメータ名と呼ぶ．パラメータ名は何を意味しているかわかりやすいように決めればよいが，使用できる文字に制限がある．この制限を理解するにはプログラミングの知識が必要なので，とりあえず半角英数文字 (日本語入力を OFF にして入力する英数字) とアンダーバー記号 (_) のみの使用をお勧めする．数字は先頭の文字として使えないことと，大文字，小文字は区別されることを覚えておいてほしい．例えば 1st_item という名前は先頭の文字が数字なので使用できないし，word と Word は別の名前として扱われる．

2 行目以降はパラメータの具体的な値を定義する．word 列では，刺激として提示する単語を，word_color 列では文字色を定義している．word_color 列に入力されている red が赤色に対応していることはおわかりいただけると思うが，lime というのは「ライム」，すなわち明るい緑色のことである．PsychoPy では green はやや暗い緑色に対応するので，今回は green ではなく lime を使うことにした．PsychoPy は繰り返しのたびに条件ファイルから 1 行を取り出して使用するので，今回の実験のように 2 種類の単語と 2 種類の文字色を組み合わせて 4 種類の刺激を提示するためには，1 行目は word が「あか」，word_color が red の組み合わせ，2 行目は word が「あか」，word_color が lime の組み合わせ…という具合に 4 種類の組み合わせを列挙する必要がある．組み合わせの順番は繰り返しの設定によっては意味をもつ (図 2.12 で触れる) が，今回の実験に関してはどのような順番でもよい．

correct_ans は正答と解釈される反応で，「文字色が赤色ならカーソルキーの左，緑色ならカーソルキーの右」と決めたのだから，word_color が red の行は left，lime の行は right を入力すればよい．残りの interference の列は，単語が文字色の処理を妨害する条件か否かを表していて，単語と文字色が不一致の行は y，一致している行は n が入力されている．この interference は実験の実行には不要だが，2.5 節でみるように分析のときに役立つ．改めて図 2.9 をみて，ここまで述べた通りに入力されているか確認してほしい．

入力が終わったら，conditions.xlsx という名前で Stroop_test フォルダに保存しよう．PC 操作に慣れていない人は別のフォルダに保存してしまうことがあるので，保存したら Stroop_test フォルダ内に Stroop_test.psyexp と conditions.xlsx というファイルがあることを確認してほしい．

ここまでの作業

- Excel で図 2.9 の内容を入力し，Stroop_test フォルダに conditions.xlsx という

名前で保存する.

　conditions.xlsx を保存したら，Builder に戻って繰り返しの設定をしよう．繰り返しの設定は，Builder のウィンドウの下部にあるフローペインで行う．フローペインには，図2.10左上のように trial と書かれた長方形と，それを貫くように左から右へ矢印が描かれているはずである．この図をフローと呼ぶ．trial と書かれた長方形は trial ルーチンを表していて，矢印はルーチンを実行する順番を示している．現状では trial ルーチンだけしかないので，実験を実行すると矢印の順序に従って trial ルーチンが1回だけ実行されて終了する.

　繰り返しを設定するには，フローの左にある「Loop を挿入」と書かれたボタンをクリックし，フローの近くにマウスカーソルを移動させる．すると，図2.10右上のようにフローの矢印上に小さな円が表示される．これはループ (繰り返し) の始点または終点を挿入可能なポイントを示していて，現状では trial ルーチンの左右の2カ所が選択できる．左クリックすると続いてループのもう一方の挿入ポイントの選択となるが，挿入できる場所が1カ所しか残っていないので Builder によって自動的に選択される.

　ループの挿入ポイントが確定したら，図2.10左下のようなダイアログが表示される．これはループのプロパティ，つまり繰り返しの動作を設定するダイアログで，繰り返し回数や繰り返しの順序，条件ファイルの指定などができる．一番下の [繰り返し条件] という項目に，conditions.xlsx を設定しよう．キーボードから入力することもできるが，

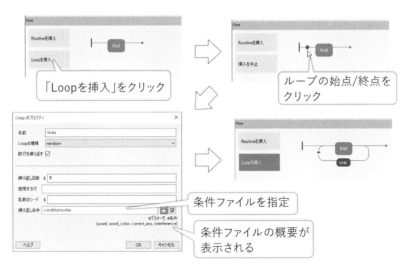

図 2.10 　ループの挿入

入力欄の右にある小さなボタンをクリックすると，条件ファイルを選択するダイアログが表示されるのでこちらを使うと便利である．conditions.xlsx を設定したら，図 2.10 左下のように「4 パラメータ, 4 条件 [word, word_color, correct_ans, interference]」と表示される．conditions.xlsx で定義した条件数やパラメータ名と一致していれば，正しく読み込まれている．もし，ここでファイル名として conditions.xlsx だけでなく..\\..\\Documents\\conditons.xlsx のように余分な文字がついていれば，おそらく conditions.xlsx と Stroop_test.psyexp が同じフォルダに保存されていない．いったん Builder を離れて，これらのファイルが同じフォルダ (Stroop_test フォルダ) に保存されているかを確認しよう．conditions.xlsx の場所が間違っていれば正しいフォルダへ移動させればよいし，Stroop_test.psyexp の場所が間違っていたなら「名前を付けて保存」で Stroop_test.psyexp を適切なフォルダへ保存し直すとよい．

条件ファイルの設定を終えてダイアログの OK ボタンをクリックすると，図 2.10 右下のように trial ルーチンを囲むようにループした矢印が描かれる．trials と書かれたやや小さい長方形はループの名前を表している．以後，本書ではこの名前を使って「trials ループ」のように繰り返しを表記する．ループの設定をやり直したいときは，この trials と書かれている部分を左クリックすると再びループのプロパティダイアログを開くことができる．

ここまでの作業

- trial ルーチンを繰り返すようにループを挿入し，[繰り返し条件] に conditions.xlsx を設定する．
- 一度図 2.10 右下まで作業した後，もう一度 trials ループのプロパティダイアログを開く．

以上で繰り返しの設定ができたが，まだこれだけでは繰り返し毎に刺激が変化しない．条件ファイルから読み込んだ word や word_color の値を Text コンポーネントが使用するように，Text コンポーネントのプロパティを編集しなければならない．ルーチンペインに表示されている Text コンポーネントのプロパティダイアログを開き，まず図 2.11 左のように「基本」タブの [文字列] を $word に書き換えよう．これは [文字列] の値として条件ファイルの word から取り出した値を適用するという意味だが，word の前に $ 記号がついていることに注意してほしい．もし [文字列] 欄に word と書いてあったら，Builder は「word という文字列を表示する」と解釈してしまう．そうではなくて，「現在 word という名前に割り当てられている値を表示してほしい」ということを Builder に伝えるのが $ 記号の役割である．もう少し正確にいうと，5.1.3 項の内容の先取りになってしまうのだが，$ 記号は Python または JavaScript の「式」

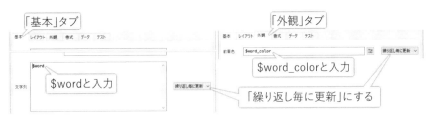

図 2.11 プロパティを繰り返し毎に更新するように設定する.

であることを表す. また, 入力欄の前に $ がついているもの (例えば Text コンポーネントの「書式」タブの [文字の高さ]) は常に式として評価されるので, $ をつける必要はない.

　[文字列] を $word に書き換えたら, 入力欄の右側にある「更新しない」と書かれているところを左クリックして,「繰り返し毎に更新」に変更してほしい. 心理学実験の中には高い時間精度が求められるものもあり, 精度を確保するためには余計な処理は極力行わないことが望ましい. そのため, Builder では大部分のプロパティが標準で「更新しない」と設定されており, 実験の手続き上必要なものだけを更新するよう設定することになっている. ある程度 Builder に慣れた人でも, この作業は忘れがちなので注意が必要である.

　[文字列] の設定が終わったら, 続いて「外観」タブの [前景色] も word_color の値を使用するように変更しよう (図 2.11 右). 先ほどと同様に $ 記号をつけること,「繰り返し毎に更新」に設定することに注意する.

　ここまで作業できたら, 実験を実行してみよう. 先ほどと同じように実験情報ダイアログが表示され, OK をクリックしたら画面全体が灰色となり, 刺激が提示される. ここでカーソルキーの左右いずれかを押すと文字と文字色の組み合わせが変化するが, 何回キーを押したら実験が終了するか数えておこう. 文字と文字色の組み合わせは無作為な順序で変化するが, 同じ文字と文字色の組み合わせが連続すると, キーを押したのに刺激が変化しなかったようにみえるので注意してほしい. 20 回キーを押したら実験が終了するはずである. 実験が終了したらもう一度実行して, 1 回目とは異なる順序で刺激が変化することも確認すること. 2 回目以降の実行で, 20 回もキーを押し続けるのが面倒な場合は, 実験の途中で ESC キーを押してみよう. ESC キーが押されると, 残りの繰り返し回数に関係なくただちに実験が中断される.

ここまでの作業

- 配置済みの Text コンポーネントのプロパティダイアログを開き, 図 2.11 のように編集する.「繰り返し毎に更新」に設定するのを忘れないこと.

- 実験を実行し，カーソルキーの左右を押すたびに文字と文字色の組み合わせが無作為な順序で変化すること，20 回キーを押すと終了することを確認する．
- 実験の途中で ESC キーを押すと実験が中断されることを確認する．

以上で繰り返しができるようになったが，繰り返しについてもう少し学んでおこう．Builder で trials ループのプロパティダイアログを開いてほしい．[繰り返し回数] という項目があり，そこに最初から 5 という値が入力されていたはずである．この値は「条件ファイルで定義された各条件を何回繰り返すか」を表している．今回作成した条件ファイル (conditions.xlsx) には 4 つの条件が定義されているので，それぞれを 5 回ずつ，合計 20 回繰り返される．[繰り返し回数] を 2 にすれば 8 回，3 にすれば 12 回実行される．ぜひ実際に変更して動作を確認してほしい．

なお，「繰り返し回数」と書いたときにループの [繰り返し回数] の値を指しているのか，実際に繰り返される回数を指しているのかがわかりにくいが，本書では前者のことを述べているときは必ず [] で囲んで [繰り返し回数] と書いているのでそのつもりで読んでほしい．

続いて trials ループのプロパティダイアログの上にある [Loop の種類] という項目に注目しよう．プルダウンメニューでいくつかの項目を選択できるが，Builder を学びはじめた人にまず覚えてほしいのは以下の 3 つである．

1) Random:「条件ファイルで定義された各条件を 1 回ずつ無作為な順序で実行する」という動作を [繰り返し回数] に設定された回数だけ繰り返す．
2) FullRandom: 条件ファイルで定義された各条件を [繰り返し回数] ずつ，無作為な順序で繰り返す．
3) Sequential:「条件ファイルで定義された各条件を，1 行目 (見出しの行を除く) から順番に 1 回ずつ実行する」という動作を [繰り返し回数] に設定された回数だけ繰り返す．

図 2.12 は，条件ファイルに 4 つの条件が定義されていて [繰り返し回数] が 2 の場合に Random, FullRandom, Sequential がどのように動作するかを示している．Random と FullRandom の違いがわかりにくいが，Random では「4 つの条件を無作為な順序で 1 回ずつ」を繰り返すので，同じ条件が続く可能性があるのは 1 度目の繰り返しの最後と 2 度目の繰り返しの最初が偶然一致した場合のみである．一方，FullRandom では 4 条件 × 2 回繰り返しの合計 8 回全体で順序を無作為化するので，同じ条件の連続はどこででも起こりうる．Sequential は，刺激の順番を指定したいときに使用する．理解するには実際に実行してみるのが一番なので，[Loop の種類] を Random, FullRandom, Sequential のいずれかに設定して，[繰り返し回数] を変更して実行してみよう．

Random   FullRandom   Sequential

Random					FullRandom				Sequential			
条件1	無作為に				条件1				条件1	条件ファイルの		
条件3	1回ずつ				条件4				条件2	順に1回ずつ		
条件4		2回			条件4	無作為に			条件3		2回	
条件2		繰り返す			条件3	2回ずつ			条件4		繰り返す	
条件4	無作為に				条件1				条件1	条件ファイルの		
条件3	1回ずつ				条件2				条件2	順に1回ずつ		
条件1					条件3				条件3			
条件2					条件2				条件4			

※4条件, [繰り返し回数] 2とする

図 2.12　Loop の種類

ここまでの作業

- trials ループの [Loop の種類] と [繰り返し回数] を変更して実験を実行し，動作を確認する．
- 確認を終えたら，次節に備えて trials ループの [Loop の種類] を Random，[繰り返し回数] を 5 に戻しておく．

　以上で繰り返しの基本的な使い方の説明を終えるが，動作確認をしていて「同じ条件が連続すると，キーを押したにもかかわらず刺激が変化しないため，次の繰り返しに入ったことがわかりにくい」という問題に気づかなかっただろうか？ この現象は，キーが押されたらただちに次の刺激が提示されることが原因で起こる．いくつか解決方法があるが，一番簡単なのはルーチンが始まってから Text コンポーネントが開始されるまでに少し時間をとることである．Builder のルーチンペインに配置してある Text コンポーネントのプロパティダイアログを開いて，「基本」タブの [開始] という項目をみてほしい．初期状態では，プルダウンメニューに「時刻 (秒)」と書かれていて，その右の入力欄に 0.0 と入力されているが，これはルーチン開始後 0.0 秒，つまりルーチン開始と同時に Text コンポーネントが開始されることを示している．この 0.0 を 0.5 に書き換えたら，ルーチン開始から 0.5 秒後に文字が表示される．このルーチンを繰り返し実行すると，キーを押した後 0.5 秒の空白画面を挟んで次の刺激が提示されるようにみえるというわけである．

　ひとつ重要なのは，この方法で刺激と刺激の間に時間を確保した場合，Keyboard コンポーネントも刺激提示開始時刻に合わせる必要があるという点である．0.5 秒の空白画面の間に実験参加者がキーを押してしまうと，刺激が画面上に提示されるより前にキー押しが検出されてルーチンが終了してしまう．Keyboard コンポーネントの [開始] も 0.5 に設定しておけば，このようなトラブルを防ぐことができる．

ここまでの作業

- ルーチンペインに配置済みの Text コンポーネントと Keyboard コンポーネント
  の [開始] を 0.5 に変更して実験を実行し，刺激と刺激の間に 0.5 秒の空白画面が
  入ることを確認する．

　これで同じ条件が連続したときの問題を解消できた．次節では実験実行時に保存さ
れるデータファイルを確認していこう．

 ## 2.5　結果を確認する

　Builder で実行した実験の記録は，psyexp ファイルと同じ場所に存在する data と
いうフォルダ内に保存される．data フォルダが存在しない場合は，Builder によって
自動的に data フォルダが作成される．ここまで解説通りに作業していたら psyexp
ファイルを Stroop_test フォルダに保存しているので，Stroop_test フォルダ内に data
フォルダが作成されているはずである．そして，data フォルダの中には，今まで実験
を実行してみた回数に応じて大量のファイルができているはずだ．これらのファイル
は作りかけの実験を実行した記録であり，内容をみてもあまり意味がないのですべて
削除してしまおう．
　data フォルダ内のファイルをすべて削除したら，Builder に戻り Stroop_test.psyexp
を実行する．実験情報ダイアログでは，participant の欄を空白のままにせずに，アル
ファベット数文字 (例えば自分の名前のローマ字表記) を入力してから OK をクリッ
クしてほしい．そして，実験は途中で ESC キーを押して中断せずに，最後まで実行
しよう．前節の最後で trials ループの [繰り返し回数] を 5 に戻していたら，20 試行
で終了するはずである．

ここまでの作業

- Stroop_test フォルダ内に data フォルダができていることを確認し，data フォル
  ダの中にあるファイルをすべて削除する．
- 実験を実行する．ただし，実験を開始したときに表示される実験情報ダイアログ
  で，participant の欄にアルファベット数文字 (自分の名前のローマ字表記など) を
  入力してから OK をクリックする．

　実験が終了したら，data フォルダの内容を改めて確認しよう．実験情報ダイアログ
の participant に入力した文字に実験名 (Stroop_test)，実行日時を組み合わせた名前
のファイルが 3 つ保存されているはずである．3 つのファイルのうち，拡張子が .log

のファイルは実験プログラムの動作を詳細に記録したもので，ログファイルと呼ばれる．拡張子が .psydat のファイルは，Python を使って実験プログラムの動作を再現する情報を含んだファイルである．これらのファイルは実験が何かうまくいかなかったときに詳細を調べるための役に立つが，通常の実験データの分析ではあまり必要となることはない．残りの 1 つ，拡張子 .csv のファイルが分析に便利な形式でデータを記録しているファイルである．以後，本書ではこのファイルを実験データファイルと呼ぶ．拡張子 .csv は「カンマ区切りの値 (comma-separated values: CSV)」をテキストとして保存した形式を表しており，Excel などの表計算アプリケーションを使うと扱いやすいので，Excel で開いてみよう．条件ファイルを作成したときと同様，Excel をもっていなければ LibreOffice Calc で代用できる．

実験データファイルには 1 行目に列見出しが出力されており，2 行目以降に 1 回の繰り返しにつき 1 行の形式で実行順にデータが出力されている (図 2.13)．作成中の実験では 4 条件× 5 回繰り返しで合計 20 回の繰り返しが行われるので，20 行のデータが出力されていることを確認してほしい．

続いて列見出しをみていこう．まず，条件ファイルで定義した `word`, `word_color`, `correct_ans`, `interference` のパラメータ名が実験データファイルの見出しに含まれている．これらの列は上から順番に 1 度目，2 度目…の繰り返し時の各パラメータの値を示している．注目しておきたいのが `key_resp.keys` や `key_resp.rt` といった `key_resp` から始まる見出しの列である．2.3 節で触れたように，key_resp というのは trial ルーチンに配置した Keyboard コンポーネントの [名前] である．このように，コンポーネントの [名前] から始まる列は，そのコンポーネントによって記録されたデータを示している．

どのようなデータが記録されるかはコンポーネントの種類によって異なるが，多くのコンポーネントは実験開始時刻を基準としたコンポーネントが開始された時刻と終了された時刻を出力する．key_resp という [名前] のコンポーネントの場合，開始時刻は `key_resp.started`，終了時刻は `key_resp.stopped` といった見出しとなる．時

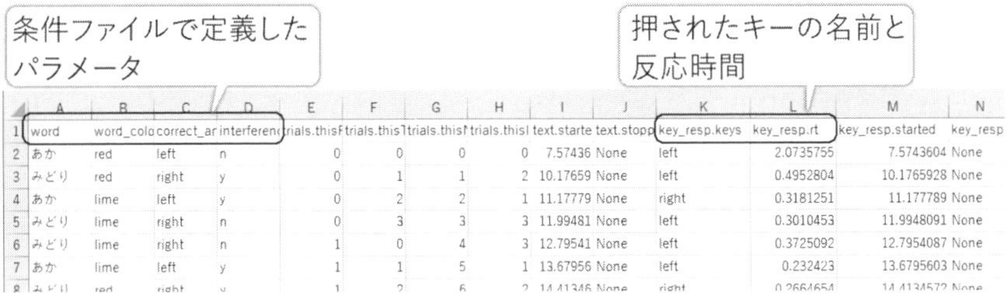

	A	B	C	D	E	F	G	H	I	J	K	L	M	N
1	word	word_colo	correct_ar	interferenc	trials.thisF	trials.thisT	trials.thisN	trials.thisI	text.starte	text.stopp	key_resp.keys	key_resp.rt	key_resp.started	key_resp
2	あか	red	left	n	0	0	0	0	7.57436	None	left	2.0735755	7.5743604	None
3	みどり	red	right	y	0	1	1	2	10.17659	None	left	0.4952804	10.1765928	None
4	あか	lime	left	y	0	2	2	1	11.17779	None	right	0.3181251	11.177789	None
5	みどり	lime	right	n	0	3	3	3	11.99481	None	left	0.3010453	11.9948091	None
6	みどり	lime	right	n	1	0	4	3	12.79541	None	left	0.3725092	12.7954087	None
7	あか	lime	left	y	1	1	5	1	13.67956	None	left	0.232423	13.6795603	None
8	みどり	red	right	y	1	2	6	2	14.41346	None	right	0.2664654	14.4134572	None

図 2.13　実験データファイル

刻の単位はいずれも秒であり，［終了］が空白に設定されていた場合には終了時刻は None と表示される．

Keyboard コンポーネントでは，これらに加えて「押されたキー」のキー名を表す key_resp.keys と，コンポーネントが開始されてからキーが押されるまでの時間を表す key_resp.rt という列が出力される．以上より，各行の word と word_color をみればそのときに提示された刺激がわかり，key_resp.keys と key_resp.rt をみれば参加者が押したキーと反応時間がわかる．key_resp.keys と correct_ans の値が一致する行数を数えれば正答率を計算することもできるし，interference の値で分けて正答率や平均反応時間を計算すれば，単語と文字色の不一致による干渉効果を確認することもできる．

ここまでの作業

- data フォルダの中に出力されているファイルを確認し，実験データファイル (拡張子.csv のファイル) をみつけて開く．
- 提示された刺激の単語，文字色，押されたキー名，キーが押されるまでの時間といった情報が実験データファイルに出力されていることを確認する．確認が終わったら実験データファイルは閉じてよい．

 ## 2.6 正誤を記録する

Keyboard コンポーネントには，反応が正答であったか否かを判別して実験データファイルに出力する機能がある．本節ではこの機能を試してみよう．

Builder に戻って，trials ルーチンに配置されている Keyboard コンポーネントのプロパティダイアログを開いてほしい．「データ」タブを開くと［正答を記録］という項目があり，そのすぐ下に［正答］という項目がある．初期状態では［正答を記録］はチェックされておらず (つまり小さな正方形にチェックマークがついていない状態)，［正答］は灰色になっていて入力できない状態である．［正答を記録］をクリックしてチェックされた状態にすると，［正答］が入力可能になる (図 2.14 上)．この状態で［正答］に正答として扱うキーの名前を入力すれば，実験実行時に，正答として扱うキーと実際に押されたキーが一致するか否かの判定が行われて実験データファイルに記録される．

今回の実験のように (そして多くの心理学実験がそうであるように) 提示する刺激などの条件によって正答となるキーが変化する場合は，条件ファイルにキー名を書き込んでおいてそれを［正答］にすればよい．すでにここまでの作業で conditions.xlsx の

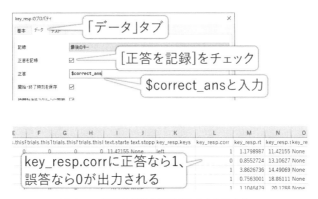

図 **2.14**　反応の正誤を記録できるようにする.

correct_ans という列に正答となるキー名を入力してあるので，図 2.14 上のように [正答] に $correct_ans と入力すればよい．入力する際は日本語入力を OFF にすると安心である．先頭に $ がついているのは色名のときと同様に，キー名が直接入力されているのか ($ なし)，条件ファイルで定義されているパラメータ名を入力しているのか ($ あり) を区別するためである.

図 2.14 上の通りに Keyboard コンポーネントの設定を変更したら，もう一度実験を実行してみよう．正しくキー押しの正誤が記録できているか確認できるように，何回かはわざと誤ったキーを押すこと．実験終了後，data フォルダ内に作成された実験データファイルを確認すると，key_resp.corr という列が追加されているはずである．値は 1 または 0 のどちらかで，1 なら正答，0 なら誤答である．correct_ans と key_resp.keys の列を見比べて，両者が一致している行では key_resp.corr の値が 1，一致してない行では 0 となっていることを確認すること．もし key_resp.corr という列がなければ，古いデータファイルを開いている可能性があるので，ファイル名に含まれている実行日時をよくみて適切な実験データファイルを開いているか確認しよう.

> **ここまでの作業**
> - trial ルーチンの key_resp のプロパティ設定ダイアログを開き，図 2.14 上のように [正答を記録] と [正答] を設定する.
> - 実験を実行して実験データファイルを開き，反応が正しければ 1，誤っていれば 0 が key_resp.corr に出力されていることを確認する.

以上で実験の中心的な部分は完成した．あとは実験開始時の教示画面と実験終了時のお礼のメッセージを追加すれば，図 2.1 で示した実験の手順が完成する.

2.7 ルーチンを追加する

ここまでの作業では，Builder を起動したときからすでに存在していた trial という名前のルーチンのみを使って実験を作成してきた．しかし，実験の最初に教示を提示するためには，どうしても trial ルーチン以外にもルーチンが必要である．なぜなら，trial ルーチンは trials ループの中に含まれているため，trial ルーチンに教示を追加すると，教示が繰り返し提示されてしまうからである．trials ループによる繰り返しの前に何かを提示したい場合は，trials ループの前に新たなルーチンを追加すればよい．

では，さっそくルーチンの追加作業をしてみよう．手順を図 2.15 の上段から中段に示しているので，この図をみながら読み進めてほしい．まず，Builder のウィンドウに戻って，ウィンドウ下部にあるフローペインの左端の「Routine を挿入」というボタンをクリックする．すると，「(new)」「trial」という 2 つの項目があるメニューが表示されるはずだ．「(new)」は「新しいルーチンを作成して挿入する」，「trial」は「trial ルーチンをもう 1 つ挿入する」という操作を表している．「trial ルーチンをも

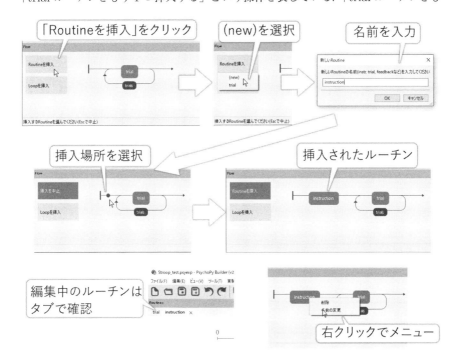

図 2.15 新たなルーチンを挿入する．

う 1 つ挿入する」というのは例えば「練習試行の後に，実験について不明な点がない
か確認するメッセージを表示したうえで本試行を実施する」といったように，実験の
流れの中で同じ画面を複数回使いたい場合に必要となる．具体例は 5.1.1 項で取り上
げる．今は新しいルーチンを作成して挿入したいので「(new)」を選択しよう．

　「(new)」をクリックすると図 2.15 の上段右端のように新しいルーチンの名前を尋
ねる小さなダイアログが表示されるので，ルーチンの名前を決めて OK をクリックす
る．ルーチンの名前は，条件ファイルのパラメータ名と同様「半角英数文字 (日本語
入力を OFF にして入力する英数字) とアンダーバー記号 (_) のみ」でつけること．数
字は先頭の文字として使えないことと，大文字，小文字は区別されること，ほかの名
前と重複してはいけないことも同様である．ここでは instruction という名前にして
おこう．

　ダイアログに名前を入力して OK をクリックしたら，次はフローペイン上でルーチ
ンの挿入位置を決定しなければならない．ループを挿入したときと同様，フローにマ
ウスカーソルを近づけると，フローの矢印上に小さな円が表示される．図 2.15 中段左
のように，trials ループより前 (つまり左側) に円が表示されている状態でマウスをク
リックすると，図 2.15 中段右のように instruction と書かれたルーチンがフローに表
示される．これで新しいルーチンが追加できた．

　ここまで作業できたら，ルーチンペインの左上に注目してほしい．図 2.15 下段左の
ように，「trial」「instruction」と書かれた小さなタブがあるはずだ．タブをクリック
するか，フローに表示されているルーチンをクリックすると，現在編集中のルーチン
(つまりルーチンペインに表示されるルーチン) を切り替えることができる．ルーチン
につけた名前を修正したい場合や，挿入する場所を間違えた場合は，フローペインで
対象のルーチンにマウスカーソルを重ねて右クリックすれば，図 2.15 下段右のように
メニューが表示されて名前の変更と削除を行うことができる．

　ここまでの作業
- instruction という名前の新しいルーチンを trials ループの前に挿入する．
- ルーチンペイン左上のタブを使って編集するルーチンを切り替えられることを確認
  する．
- フローペインに表示されているルーチンを左クリックして編集するルーチンを切り
  替えられることと，右クリックして名前の変更と削除を行うメニューを表示できる
  ことを確認する．

---

　instruction ルーチンを追加できたら，さっそく教示を提示できるようにしよう．基
本的な操作方法はここまでと同じなので，箇条書きで示す．

ここで行う作業

- instruction ルーチンで以下の作業をする.
  - Text コンポーネントを配置して,以下の通り設定する.
    * 「基本」タブの [名前] を text_inst に変更し,[終了] を空白にする.
    * 「基本」タブの [文字列] に教示文 (この箇条書きの後に示す) を入力する.
    * 「書式」タブの [文字の高さ] を 0.02 にする.
  - Keyboard コンポーネントを配置して,以下の通り設定する.
    * 「基本」タブの [名前] を key_resp_inst に変更し,[検出するキー] を 'left','right' に変更する.
    * 「データ」タブの [記録] を「なし」にする.

Text コンポーネントに入力する教示文は自由に考えていただいて構わないのだが,ここではコード 2.1 の通りとする.このようにある程度の長さの文章を入力する場合,PsychoPy では英語などのスペースで単語を区切る言語は自動的に改行させることができるが,日本語のような言語では手作業で改行しておく必要がある.

コード **2.1** 教示文

```
1 │ 単語が赤または緑色で提示されます.
2 │ 単語の意味は無視して,文字の色が
3 │ 赤なら←キー,緑なら→キーをできるだけ
4 │ 速く間違えずに押して下さい.
5 │
6 │ ←キー,→キーのいずれかを押すと始まります.
```

作業内容について補足しておくと,まず Text コンポーネントを配置したとき,[名前] の欄には text_2 という値が設定されていたはずである.個々のコンポーネントには配置直後に自動的につけられる名前が決まっていて,Text コンポーネントでは text がそれにあたるのだが,ここまでの作業ですでに trial ルーチンに text という名前のコンポーネントが配置されてしまっている.Builder では,[名前] は 1 つの実験の中では唯一無二でなければならず,ほかのコンポーネントやルーチン,ループの名前や,条件ファイルで定義されるパラメータと重複してはいけないので,すでに同じ名前が使われていることを Builder が検知した場合は自動的に _2,_3 …と名前の後ろにつけられる.便利な機能だが,条件ファイルで定義されるパラメータ名などは Builder が検出できないので,ユーザー側で重複しないように気をつける必要がある.また,すでに 2.5 節で確認したように,[名前] は実験データファイルの見出しにも使用されるので,text_1,text_2 …という名前ばかりではどれが刺激でどれが教示だったかなどがわからなくなる.そういった問題を避けるために,[名前] にはどのルーチンに配置したものか,どのような役割のものかがわかるようなものをつけることをお

勧めする.

　Text コンポーネントの [文字の高さ] は，文字の大きさを設定するプロパティである．単位は実験に使用する画面の縦の高さを 1.0 とした相対値である．Text コンポーネントを配置した直後は 0.1 という値が設定されているが，この教示文のようにある程度の長さがある文を提示するには大きすぎるので今回は 0.02 に設定した．実験に使用するモニターのサイズによっては小さすぎたり大きすぎたりするだろうから，各自の環境に応じて値を調節してほしい.

　Keyboard コンポーネントの設定で注目すべき点は「データ」タブの [記録] である．ここでの Keyboard コンポーネントの役割は，実験参加者が教示文を読んだ後に，自分の好きなタイミングでキーを押して実験を開始できるようにすることである．このキー押しを記録する必要はまったくないし，実験データファイルに余計な情報が記録されて邪魔ですらある．このような「実験の手続き上参加者にキーを押させるが，押されたキーを記録する必要はない」場合に，[記録] を「なし」にしておくと，押されたキーや押した時刻などの情報が記録されない．とても便利な機能なのでぜひ覚えておきたいところだ．なお，[記録] の初期値は「最後のキー」であり，ほかには「最初のキー」「全てのキー」といった選択肢がある．「基本」タブの [Routine を終了] をチェックしている場合，1 回キーを検出したらルーチンが終了してしまうので，これらはすべて同じ結果となる．[Routine を終了] のチェックを外すとこれらの設定の違いを活かせるようになるが，[終了] に時間を設定するなど，キー押し以外の方法でルーチンを終了できるようにする必要がある.

　以上で，実験の冒頭で教示を提示できるようになった．ついでに実験終了時のお礼のメッセージも提示できるようにしておこう．以下の通り作業してほしい.

ここで行う作業
- thanks という名前の新しいルーチンを trials ループの後ろに挿入する.
- thanks ルーチンで以下の作業をする.
    - Text コンポーネントを配置して，以下の通り設定する.
        * 「基本」タブの [名前] を text_thanks に変更し，[終了] を 3.0 にする.
        * 「基本」タブの [文字列] に「実験は終了しました．ありがとうございました．」と入力する.
        * 「書式」タブの [文字の高さ] を 0.02 にする.

---

　thanks ルーチンでは [終了] に 3.0 を指定することで，Keyboard コンポーネントを使わずにルーチンを終了するようにしている．もちろん，キー押しで終了するようにアレンジしても構わない.

　ここまで作業できたら，実験を実行してみよう．最初に教示が提示されてから Stroop
課題が始まり，20 回反応を終えたら「実験は終了しました．ありがとうございまし
た．」というメッセージが 3 秒間表示されて実験が終了するはずである．

　以上で図 2.1 に示した Stroop 課題の手続きをすべて Builder で実現できた．だが，
本章の目的は Builder の基本を学ぶことなので，次の章に進む前に色の指定方法，刺激
の位置と大きさの指定方法，実験情報ダイアログの項目変更について解説しておこう．

2.8　色の指定方法と背景色の設定

　本章で作成した Stroop 課題では，文字色を指定するときに red や lime といった
(英語の) 色名を使用した．PsychoPy ではこのような色名による色の指定のほかにも，
赤 (R)，緑 (G)，青 (B) の三原色の強度を数値で指定するなど，いくつかの方法に対
応している．詳細は本書で想定している範囲を超えるので『PsychoPy でつくる心理
学実験』や「PsychoPy Builder で作る心理学実験」を参照してほしいが，Builder に
は色の指定をサポートしてくれるカラーピッカーという機能があるので本書ではこち
らを紹介する．

　カラーピッカーは，Text コンポーネントの [前景色] のように色を指定する必要が
あるプロパティの入力欄の右にある小さなボタンをクリックすることで起動できる．
Text コンポーネントを使って解説してもよいのだが，せっかくなので実験画面の灰
色の背景色を変更する方法の解説もここで済ませておこう．背景色を変更するには，
Builder ウィンドウの上部にある「実験の設定」ボタン (図 2.16 左上) をクリックして
「実験の設定」ダイアログ (図 2.16 右上) を表示する．「スクリーン」タブをクリックす
ると表示される項目の中に [色] というものがあるが，これが背景色を設定する項目で
ある．[色] の入力欄の右にある小さなボタンをみつけてクリックすると図 2.16 下の
ようなダイアログが表示される．これがカラーピッカーである．カラーピッカーの右
端には色名一覧があり，ここにあげられている色名はすべて，これまでの作業で使用
した red や lime と同じように使用できる．試しに色名一覧からいくつかの色名をク
リックしてみよう．異なる色名をクリックするたびに，カラーピッカーの左端にある
色見本に表示されている色が変化して，中央の RGB Channels という枠内にある R，
G，B の 3 つのスライダーの値が変化するはずである．これはクリックした色名を赤
(R)，緑 (G)，青 (B) の 3 次元で表現したときの値を表している．具体例をあげると，
aqua という色名をクリックすると R が-1.0000，G が 1.0000，B が-1.0000 にな
る．これは aqua という色名で表される色を RGB で表現すると (-1.0000，1.0000，
1.0000) だということである．スライダーを動かすとそれに応じて色見本が変化する
ので，RGB による色の表現に慣れていない人は，スライダーを自由に動かしてどの

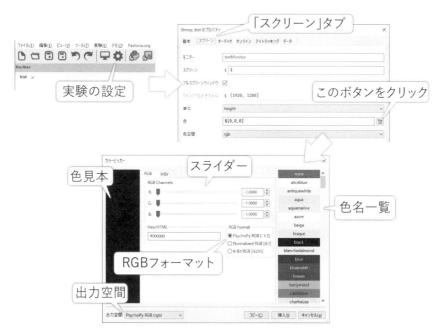

図 2.16　背景色の変更とカラーピッカー

ように色が変化するかをみてみるとよい.

　RGB による表現について少し踏み込んだ話をしておくと，PsychoPy では R，G，B の各成分の強度を-1.0〜1.0 の範囲の小数で表す (PsychoPy RGB). これはあまり一般的ではなく，ほかのソフトウェアでは 0.0〜1.0 の小数 (Normalized RGB) や，0〜255 までの整数 (8-Bit RGB) で表すことが多い. カラーピッカーでは，スライダーの下にある RGB Format という欄でどの表現を用いて表示するかを切り替えることができる. ほかのソフトウェアで作成した色を PsychoPy の RGB で表現したらどのようになるか知りたい場合などに便利である.

　作成した色を使用したい場合は，ダイアログの右下にある「コピー」または「挿入」をクリックする.「コピー」の場合は RGB の値がクリップボードにコピーされたうえでカラーピッカーが閉じるので，目的のところへ貼りつければよい.「挿入」の場合は，カラーピッカーを呼び出した項目 (今回は「実験の設定」ダイアログの [色]) に RGB の値が自動的に貼りつけられたうえでカラーピッカーが閉じる. Excel で作成する条件ファイルに値を貼りつけたい場合などは「コピー」，Builder 上で [前景色] や [色] に直接指定したい場合は「挿入」が便利だろう. どちらの場合でも，色名ではなく RGB 値が使われるので，色名で指定したい場合は色名を覚えて自分で入力する

しかない.

RGB 値を使う場合に注意すべき点が 2 つある. まず, 表示に使用している RGB Format の種類にかかわらず, 「コピー」や「挿入」ではカラーピッカーの左下にある「出力空間」で選択されている表現が使用される. 標準設定は PsychoPy RGB, つまり -1.0～1.0 の小数による表現である. Builder で標準的に用いられる表現が PsychoPy RGB なので, 標準設定のまま使用すれば問題はない. 異なる出力空間を使う方法は, 本書で想定している難易度を超えるので省略させてほしい.

もう 1 つの注意点は, PsychoPy において RGB による表現で色を指定するためには, 3 つの値をまとめて () か [] で囲む必要があるということである. これは「3 つ合わせて 1 つのまとまりであること」を Builder に教えるためだと考えるとよい. さらに, 条件ファイルを使って Text コンポーネントの [文字列] を繰り返し毎に変更したときと同じように, Builder のプロパティダイアログに直接 RGB 値を書く場合は $ を先頭につける必要がある (図 2.17). 条件ファイルに直接 RGB の値を書く場合は, () は必要だが $ は不要である.

では, 本節のまとめとして, 以下の作業を行って Stroop_test の背景色を黒色にしてみよう.

ここで行う作業

- 「実験の設定」ダイアログを開き, 「スクリーン」タブの [色] からカラーピッカーを開く.
- カラーピッカーの色名から black を選択し, 色見本が黒になったことを確認してから「挿入」をクリックしてカラーピッカーを閉じる.
- カラーピッカーによって [色] に挿入された RGB 値による表現に $ と () を追加して PsychoPy が色を認識できるようにする.
- 実験を実行して, 背景色が黒色になっていることを確認する.

図 **2.17** RGB 値による色指定の注意点

2.9　位置と大きさの指定と重ね合わせ

　刺激の位置と大きさを指定する方法を説明するには，まず PsychoPy における座標系と単位について解説しておく必要がある．PsychoPy では，スクリーン上の位置を表すために (0，0) がスクリーンの中心で，X 軸の正の方向が右，Y 軸の正の方向が上である座標系を用いる．座標値を 1 変化させたときに刺激の位置がどれだけ変化するかは，各コンポーネントのプロパティダイアログの「レイアウト」タブにある [空間の単位] によって決定される．

　すでに配置済みの Text コンポーネントで確認すると，[空間の単位] は標準の値である「実験の設定に従う」に設定されているはずである (図 2.18 左)．これは，前節で背景色を指定するときに開いた「実験の設定」ダイアログの「スクリーン」タブにある [単位] で設定されている単位を用いるという意味である．「実験の設定」ダイアログを開いて確認してみると，図 2.18 右のように [単位] には標準では height と設定されているはずである．設定の仕方がちょっと回りくどいと思われるかもしれないが，このような形をとることによって，「実験の設定」ダイアログの [単位] によって配置済みのコンポーネントの設定をまとめて変更できるようになっているのである．なんらかの理由で特定のコンポーネントの単位だけを固定したい場合には，そのコンポーネントのプロパティダイアログで [空間の単位] を「実験の設定に従う」から変更すればよい．

　さて，「実験の設定」ダイアログの [単位] のプルダウンメニューを開くと設定可能な単位がたくさんあることがわかるが，オンライン実験を作成する場合は height のままにするのが一般的である．height はスクリーンのサイズに対する相対的な大きさを表す単位であり，1.0 がスクリーンの高さに対応する．オンライン実験では参加者が使用するスクリーンの解像度がさまざまだが，常にスクリーンの上端から下端までの長さが 1.0 となるため，表示が大きすぎたり小さすぎたりする問題が生じにくいという利点がある．ただし縦に対して横幅が狭めのスクリーンでは刺激が左右端からはみ出てしまう可能性を考慮する必要がある．図 2.19 に，縦横比 16：9 のスクリーン

図 2.18　[空間の単位] の設定

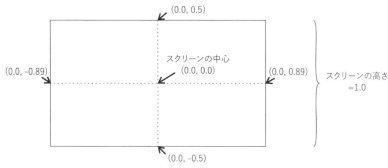

図 2.19 ［単位］が height の場合の座標値

を height の単位で表した例を示す．(0, 0) がスクリーン中心，スクリーンの高さが
1 に相当するので，スクリーン上端中央の Y 座標は 1 の半分，つまり 0.5 となる．ス
クリーン右端の X 座標は，縦横比 16 : 9 よりスクリーンの幅が 16 ÷ 9 = 1.77 … な
ので，その半分の 0.89 … と計算することができる．

　刺激の位置は，各コンポーネントのプロパティダイアログの「レイアウト」タブに
ある ［位置 [x,y]］ で指定する．[x,y] と示されているように () で囲まれた 2 つの
値のうち最初の値が X 座標，次の値が Y 座標に対応しており，刺激の中心がこの位
置にくるように描画される．配置済みの Text コンポーネントの ［位置 [x,y]］ の値を
変更して，刺激を思い通りの位置に配置できるか試してみよう．

　刺激の大きさは，一般的なコンポーネントでは「レイアウト」タブの ［サイズ [w,h]］
で設定するが，ここまで使用してきた Text コンポーネントは例外的に「書式」タブ
の ［文字の高さ］ によって自動的に決定されてしまう．2.7 節において「単位は実験
に使用する画面の縦の高さを 1.0 とした相対値である」と書いたが，この記述は単位
が height であることを前提としている．［サイズ [w,h]］ による設定に慣れておくた
めに，多角形を描画するコンポーネントである Polygon コンポーネントを配置してみ
よう．

　Polygon コンポーネントは，図 2.20 左上の円，三角形，十字が重なったアイコン
である．「基本」タブにある ［形状］ という項目から三角形，長方形，円などといった
基本的な図形や，十字などの複雑な形状を選択できる (図 2.20 右上)．「正多角形...」
を選ぶと ［頂点数 $］ という項目が表示され，正何角形を描くのか指定できる．「カス
タムポリゴン...」の場合は頂点の座標を列挙して任意の多角形を描くことができるが，
ここでは省略する．

　「レイアウト」タブを開くと Text コンポーネントと異なり ［サイズ [w，h]］ という
項目があるのが確認できる (図 2.20 中段左)．［位置 [x,y]］ と同様に 2 つの値を指定

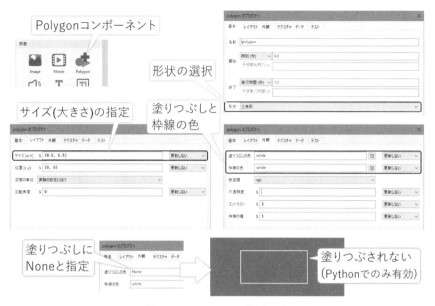

図 2.20 Polygon コンポーネント

し，最初の値が w (width: 幅)，次の値が h (height: 高さ) を表す．[形状] が「長方形」の場合は文字通り長方形の幅と高さに対応するが，「三角形」や「正多角形...」で四角形以外を描画したときには，図形に外接する円の幅と高さに対応するので注意してほしい．「円」で w と h に異なる値を指定すると楕円が描画される．

もう 1 つ注意しておきたいのが色の指定である．Polygon コンポーネントでは「外観」タブの [枠線の色] で図形の輪郭線の色，[塗りつぶしの色] で輪郭線の内側の色を別々に指定できる (図 2.20 中段右)．輪郭線だけを描いて内側を塗りつぶしたくない場合，Python では [塗りつぶしの色] に None と設定すれば実現できるが (図 2.20 下)，現時点では JavaScript では未対応である．ほかの図形と重なり合っていなければ，[塗りつぶしの色] を背景色と一致させてそれらしくみせることはできる．なお，PsychoPy をすでに使いこなしている方は「外観」タブの [不透明度] で色を半透明にしたり，完全に透明にしたりできることをご存じだと思うが，この機能も現時点では JavaScript では未対応なので注意が必要である．

ここまで学んだことの確認のために，Stroop_test に Polygon コンポーネントを配置してみよう．以下の通り作業してほしい．

ここで行う作業
- trial ルーチンに Polygon コンポーネントを配置し,「基本」タブの [終了] を空白,[形状] を長方形,「レイアウト」タブの [サイズ [w,h]] を (0.4, 0.2),[位置 [x,y]] を (0.2, 0.1) にする.
- 実験を実行し,刺激がどのように描かれるか確認する.

　実行すると,図 2.21 左上のように,白い長方形の左下の頂点が単語の中心に重なるように描かれたはずである.長方形のサイズが (0.4, 0.2) だから,左下の頂点はサイズの半分,つまり X 軸方向は左に 0.2,Y 軸方向は下に 0.1 だけ長方形の中心から離れた位置にくる計算である.そして長方形の中心 (つまり長方形の位置) を (0.2, 0.1) に設定したのだから,左下の頂点の座標は (0.0, 0.0) となり,単語の表示に用いている Text コンポーネントの位置と一致する.そのため,長方形の左下の頂点と単語の中心の座標が重なるのである.

　そしてこの例でもう 1 つ重要な点は,長方形が単語の一部を隠すように「上書き」されていることである.これはルーチンペインでの Text コンポーネントと Polygon コンポーネントの順番と関係がある.実験を終了して Builder に戻り,trial ルーチンを確認すると,ここまで手順通りに実験を作成していれば図 2.21 左下のように trial ルーチンに上から Text コンポーネント,Keyboard コンポーネント,Polygon コンポーネントの順に並んでいるはずである.ルーチン内に複数のコンポーネントが配置されているとき,Builder はルーチンペインで上に表示されているものから順番に処理を行う.したがって,図 2.21 左下の順番に並んでいる場合,まず Text コンポーネントで単語を描いて,キーが押されているかを確認し,その後 Polygon コンポーネン

polygonがtextの
上に描画されている

textの上で右クリックし
「一番下へ」を選択して
順序を入れ替える

textがpolygonの
上に描画されている

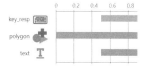

図 2.21　ルーチンペインでの表示順序と刺激の重ね合わせ

トで長方形を描くという具合に動作する．Polygon コンポーネントを後から描いてい
るので，先に描いた Text コンポーネントの一部が隠れてしまったというわけである．

　それでは長方形の上に単語を描画したい場合はどうすればよいかというと，ルーチ
ンペイン上での順番を並べ替えればよい．ルーチンペインに表示されている配置済み
コンポーネントのアイコンかその右のバーの上にマウスカーソルを重ねて右クリック
すると，ポップアップメニューが表示される (配置したコンポーネントの削除と同じ
操作)．メニューの「一番上へ」「ひとつ上へ」「ひとつ下へ」「一番下へ」を選ぶと，コ
ンポーネントの順序を変更できる．以下の通りに操作して，図 2.21 右上のように長方
形の上に単語が描画されることを確認してほしい．確認できたら，Polygon コンポー
ネントは不要となるので次章に備えて削除しておこう．

ここで行う作業

- trial ルーチンに配置している Text コンポーネントの上で右クリックしてメニュー
  を表示し，「一番下へ」を選択して Text コンポーネントが一番下になるようにする．
- 実験を実行し，刺激がどのように描かれるか確認する．
- 次章に備えて Polygon コンポーネントを削除しておく．

 2.10　実験情報ダイアログの項目の変更

　実験を開始したときに表示される実験情報ダイアログには participant と session
という項目があるが，これらの項目は変更可能である．参加者の年齢や性別を記録し
ておきたい場合には，実験情報ダイアログに項目を追加しておくと便利である．

　実験情報ダイアログの項目は，「実験の設定」ダイアログの「基本」タブにある [実
験情報ダイアログ] (図 2.22) で変更することができる．[実験情報ダイアログ] には
2 列の入力欄があり，「フィールド」の列は表示される項目名，「初期値」は実験開始時
に最初から入力されている値を指定する．図 2.22 の状態では participant と session

図 2.22　実験情報ダイアログの項目を変更する．

図 **2.23** 実験情報ダイアログの項目を選択式にする.

という 2 つの項目が定義されていて,participant の初期値は空白,session の初期値は 001 という文字列である.「初期値」の右には小さな + と − が書かれたボタンがあり,+ ボタンをクリックするとその行の下に新たな行が追加される.− ボタンをクリックするとその行が削除される.

「フィールド」「初期値」ともに日本語の文字を使用できるが,オンライン実験で作成される実験データファイルでは日本語の文字が化けてしまうので (バージョン 2021.2.0 で確認),できる限り半角英数字を使うことをお勧めする.また,participant は実験データファイル名に使用されるので,participant は削除しないように注意すること.

「初期値」の特殊な使い方として,実験情報ダイアログの項目を選択式にすることができる.この機能を利用するためには,「初期値」に「個々の選択肢を ’ (シングルクォーテーション) か " (ダブルクォーテーション) で囲ったものをカンマ区切りで並べて [] で囲んだ文字列」を入力する.例えば gender という項目を追加して M,F,Other,N/A の 4 つから選択できるようにする場合は,図 2.23 左のように入力する.選択肢を囲む ’ (または ") や,選択肢を区切るカンマ,全体を囲む [] はすべて半角でなければならない.自信がなければ日本語入力を OFF にすることをお勧めする.Python の文法を知っている人なら,「選択肢の文字列を並べた Python のリストを初期値として入力する」と覚えておくとよい.

それではここまでの確認を兼ねて,実験情報ダイアログに性別と年齢を入力する項目を追加しよう.追加できたら実験を実行して,出力されたデータファイルの内容を確認してほしい.gender と age という見出しの列があり,それぞれ値が記録されているはずである.

ここで行う作業

- 「実験の設定」ダイアログを開き,「基本」タブにある [実験情報ダイアログ] に 1 行追加し,「フィールド」に gender,「初期値」に ['M','F','Other','N/A'] と入力する.さらに「フィールド」に入力済みの session を age に書き換える.

- 実験を実行し,実験情報ダイアログの項目が変化していることを確認する.age に値を入力し,gender を選択した後,少なくとも数回は反応してから実験を中断す

る (もちろん最後まで実行しても構わない).

- 出力された実験データファイルを開き，age と gender が記録されていることを確認する.

　実験内で値を使用したい場合，例えば participant の値を使用したい場合は expInfo['participant'] のように書く. session の値を使用したいなら expInfo['session'] である. この書き方の意味を解説するには Python の文法についての知識が必要なので，ここでは「このように書く」と述べるだけにとどめる. 使用例は 5.1.2 項および 5.4.6 項で紹介する.

　これで本章の作業は終了である. 次章では本章で作成した Stroop_test を Pavlovia に登録してオンライン実験とする手順を解説する.

3 実験をPavloviaで実施しよう

 3.1　オンライン実験実施の流れ

　本章では，前章で作成した Stroop_test を Pavlovia でオンライン実験として実施
できるようにする手順を解説する．全体の流れがわかっていたほうが読み進めやすい
と思われるので，図 3.1 に手順の概要を示す．

　図 3.1 を眺めていると，「プロジェクト」という用語が繰り返し出てくることに気づ
くだろう．2.2 節で実験の保存について解説した際に触れたように，Pavlovia では実
験をプロジェクトと呼ばれる単位で管理する．プロジェクトには，inactive, piloting,
running と呼ばれる「ステータス」(status: 状態) があり，それぞれ以下のような特
徴がある．

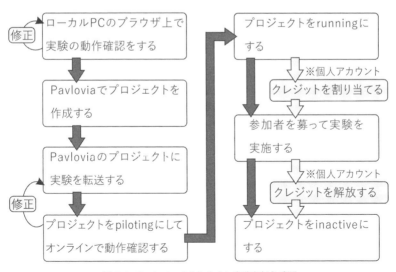

図 **3.1**　Pavlovia でオンライン実験を行う手順

inactive　　プロジェクトの実験は実行できない．プロジェクトが作られた直後はこの状態である．計画していた実験セッションをすべて終了した後，実験を保管しておくのに適している．

piloting　　管理者はプロジェクトの実験を動作テストできる．データはサーバに保存されない．

running　　インターネットから実験参加用 URL にアクセスしてもらうことで，実験に参加してもらうことができる．機関ライセンスでカバーされない個人アカウントの実験の場合，実験データが保存されるときにクレジットが消費される．

この時点ではまだ書いてあることがよくわからないだろうが，これから本章で解説していくので安心してほしい．とりあえず実験には inactive，piloting，running の 3 つのステータスがあり，「piloting で動作テストをして，running で本番の実験を行い，データを集め終えたら inactive にする」という順序でステータスを切り替えるという流れを把握しておくと，本章の解説を読みやすいだろう．

 3.2　オフラインで動作確認する

Pavlovia への実験登録を始める前に，実験がオンラインでも問題なく実施できそうかを確認しておこう．1.1 節で述べたように，PsychoPy は自分の PC で実験を実施する場合は Python，オンライン実験の場合は JavaScript という言語を使ったスクリプトを出力する．前章での動作確認はすべて Python で行ったが，残念ながら JavaScript のスクリプトは Python のものと完全に同じ動作をするわけではないので，別途確認が必要なのである．この作業をローカルデバッグと呼ぶ．

ローカルデバッグを実行するには，まずオンライン実験用のファイルを出力する必要がある．Builder を起動して前章で作成した Stroop_test を開き，「ファイル」メニューの「HTML 形式でエクスポート」(図 3.2 左) を選択すれば，オンライン実験に必要なファイルが Stroop_test フォルダ内に index.html というファイルや，Stroop_test.js などの拡張子が .js のファイルがいくつか出力される．index.html はオンライン実験のときに実験参加者がアクセスするページ，拡張子 .js のファイルは JavaScript のコードである．これらがオンライン実験用のファイルである．なお，「HTML 形式でエクスポート」を選んだときに自動的に Coder のウィンドウが開いて出力されたファイルが表示されるが，そのままにしておいても Coder のウィンドウを閉じても問題ない．

続いて Runner を開き (Builder から「実験を Runner に追加」ボタンを使うと楽)，Stroop_test が選択された状態で図 3.2 右に示す「ローカルデバッグで実行」ボタンをクリックするとオンライン実験の動作確認ができる．

ローカルデバッグが開始されると，インターネットブラウザが自動的に起動して，図

図 **3.2**　オンライン実験用のファイルを出力してローカルデバッグを実行する.

図 **3.3**　左：オンライン実験の実験情報ダイアログ. 右：実験終了時のダイアログ.

3.3 左のようなページが表示される. Chrome や Firefox など複数のブラウザがインス
トールされている場合は, インターネットのハイパーリンクを開く標準のアプリケー
ションとして設定されているブラウザが使用される. 前章の手順で Stroop_test を実
行したときに表示された実験情報ダイアログと比べると, 見た目はずいぶん異なるが
内容は同じであることを確認しておいてほしい. OK, キャンセルボタンの上に横長
のバーが描かれているが, これは実験に必要なファイルの読み込み状況を示すバーで
ある. Stroop_test では読み込むべきファイルが少ないので一瞬で完了してしまうが,
画像や音声, 動画ファイルを刺激として使う実験では少し時間を要する. participant
や age を入力し, gender を選択して OK をクリックすると, ブラウザが全画面表示
になって実験が開始される.

　最後まで実行すると, 図 3.3 右のように "Thank you for your patience." という
メッセージが表示されて, 実験データの「ダウンロード」が始まる. 自分の PC で実
行しているのに「ダウンロード」というのも奇妙に思われるかもしれないが, ローカ
ルデバッグのときには PsychoPy が Pavlovia のサーバに接続しているかのようにブ
ラウザにみせかけているので, ブラウザ側からみると「ダウンロード」になると考え
てほしい (詳しい方のために補足しておくと, ローカルな http サーバを実行してそこ

へ接続している). メッセージの OK ボタンをクリックすると, 全画面表示が終了する. ブラウザには黒一色のページが表示されているが, このページは閉じてしまって問題ない. ここまで作業したら, ダウンロードされた実験データファイルを開いて内容を確認しよう. もし前章の作業で保存された実験データファイルが残っているなら, 比較してみることをお勧めする. ほぼ同じ内容が出力されているが, 列の順番が異なることに気づくだろう. また, OS という見出しがあって, そこに実験を実行した OS が記録されていることもわかる.

ここまでの作業

- Builder で Stroop_test を開き, メニューの「ファイル」から「HTML 形式でエクスポート」を選択してオンライン実験用ファイルを出力する.
- Stroop_test を Runner に追加し, Runner の「ローカルデバッグを実行」ボタンをクリックして, ブラウザで実験が動作することを確認する. 実験が終了したら, ブラウザに表示されたままになっている実験を閉じる.
- もう一度 Runner の「ローカルデバッグを実行」ボタンをクリックして実験を開始し, 実験情報ダイアログに値を入力して OK をクリックし, 実験を開始した後に ESC キーを押して, 実験を中断できることを確認しておく. なお, ブラウザによっては 1 回 ESC キーを押しただけでは全画面モードが解除されるだけで実験が中断されないので, その場合はさらに ESC キーを押すこと.
- ダウンロードされた実験データファイルの内容を確認する.

今回の Stroop_test は問題なく動作したはずだが, 実際の作業では期待していた通りに動かないなどの問題が発覚して, 実験を修正したくなることがよくある. Builder を使ってコンポーネントやループの設定を変更した場合などは, もう一度ローカルデバッグを行う前に「HTML 形式でエクスポート」を行う必要がある. 以下のように作業して, 実験の修正後に「HTML 形式でエクスポート」をしなかったらオンライン実験に反映されないことを確認しよう.

ここで行う作業

- Builder で Stroop_test を開き, 「実験の設定」ダイアログの「スクリーン」タブにある [色] に gray と入力する. これにより, 背景色が灰色に戻る. 指示があるまで「HTML 形式でエクスポート」は行わないこと.
- 前章の手順でローカルに実験を実行し, 背景色が灰色になっていることを確認する.
- Runner から「ローカルデバッグを実行」ボタンをクリックしてオンライン実験のローカルデバッグを実行し, 背景が黒色のままであることを確認する.
- Builder で「HTML 形式でエクスポート」を行う. これにより, 背景を灰色に変

更したことがオンライン実験にも反映される．Runner からローカルデバッグを実行して，背景が灰色になったことを確認する．黒色のままである場合の対策はこのすぐ後で述べる．

　最後の手順で「HTML 形式でエクスポート」をしたにもかかわらず背景色が変化しない場合は，ブラウザに変更前の実験がキャッシュされている可能性が高い．「キャッシュ」とは閲覧したページのデータを一時的にブラウザに保存しておく機能のことで，頻繁に訪れるページの表示を高速化したり，通信量を削減したりする効果がある．オンライン実験が修正されているにもかかわらず，修正前のキャッシュが表示されているので修正されていないようにみえるというわけである．このような場合は，ブラウザのキャッシュをクリア (削除) すると問題が解決する．キャッシュのクリア方法はブラウザによって異なるので詳しい手順はここでは省略するが，多くのブラウザでは「設定」の「プライバシー」に関連する項目 (Chrome や Firefox なら「プライバシーとセキュリティ」，Edge なら「プライバシー，検索，サービス」) からキャッシュをクリアできる．ちなみに筆者は Firefox のツールバーに「キャッシュをクリア」するボタンを追加する機能拡張をインストールして，すぐにキャッシュをクリアできるようにして使用している．

> **必要に応じて行う作業**
> - 「HTML 形式でエクスポート」を行っても修正が反映されない場合は，ブラウザのキャッシュをクリアしてから改めて実行する．

　なお，ブラウザのキャッシュをクリアしてもなお変更が反映されない場合は，先ほど少し触れた「Pavlovia のサーバに接続しているかのようにブラウザにみせかける」仕組みにトラブルが生じている可能性がある．詳しい人向けに書いておくと，ローカルデバッグ用に PsychoPy が内部で開始した http サーバのプロセスが適切なタイミングで終了せずに残っているときにこういった現象が生じる．この http サーバは 12002 番のポートを listen しているので，12002 番を listen しているプロセスを終了させれば問題は解消する．これを読んで意味がわからない場合は，面倒だがログオフ，再起動などのユーザーのプロセスがまとめて終了される操作を行うのが一番確実である．今後の PsychoPy のバージョンアップでこの問題が解消されることを期待したい．

　最後に，修正のたびに「HTML 形式でエクスポート」をするのが面倒だという人のために，実験を保存するときに同時に「HTML 形式でエクスポート」を実行する方法を紹介しておきたい．Builder で Stroop_test を開き，「実験の設定」ダイアログを開いて「オンライン」タブを開くと [HTML 形式でエクスポート] という項目がある (図

図 3.4　実験の保存のたびに HTML 形式でエクスポートを行うようにする.

3.4). この値を「保存時」にすると，実験の保存のたびに自動的にエクスポートが行われるようになる．これは個々の実験に固有の設定なので，ほかの実験には引き継がれない．したがって，新たな実験を作成して，その実験も保存時にエクスポートするようにしたい場合は改めて設定を行う必要がある．

◆ 3.3　Pavlovia にプロジェクトを作成して実験を同期する

　ローカルデバッグを行って，動作に問題がなさそうなことを確認したら，いよいよ Pavlovia に実験のプロジェクトを作成して実験を転送しよう．Pavlovia に実験を転送する際は，Stroop_test フォルダの内容がすべて転送されるので，実験には不要なファイルがフォルダ内にある場合は削除しておこう．特に data フォルダにはここまでの確認作業で作成されたデータファイルやログファイルが大量に出力されているはずだから，忘れずに中身を削除しておきたい．

　Pavlovia のプロジェクト作成と実験の転送は，Builder を使用すると簡単かつまとめて行うことができる．Builder で Stroop_test を開いた状態で，メニューの「pavlovia.org」という項目から「ユーザー」「pavlovia にログイン」を選択する．すると図 3.5 のように Pavlovia の web サイトにログインするときと同様のフォームが表示されるので，ユーザー名 (またはメールアドレス) とパスワードを入力する．これで Builder にユーザー情報が登録され，以後はこの作業なしで Builder から Pavlovia にアクセスできる．

　不安に思う人がいるかもしれないので念のため書いておくと，この作業によってパスワードそのものは PC に保存されず，代わりにトークンと呼ばれるものが PsychoPy の設定フォルダに保存される．トークンは Builder から Pavlovia を操作するときにのみ有効であり，Builder からはプロジェクトの削除やユーザー情報の更新，クレジットの購入といった重要な作業ができないようになっている．

　無事に Pavlovia にログインできたら，再びメニューの「pavlovia.org」を開いて「同期」を選択しよう．「このファイルは既存のプロジェクトに属していません」というダイアログが表示されるので，「プロジェクトを作成」をクリックすると図 3.6 に示

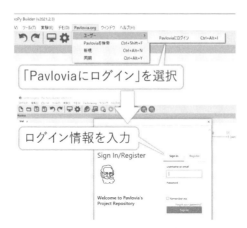

図 3.5 Pavlovia にログインする.

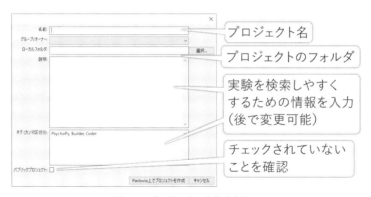

図 3.6 プロジェクトを作成する.

すダイアログが表示される. ここは重要なポイントなので, 慎重に作業しよう. まず, [名前] にプロジェクトの名前を入力する. この名前は実験に参加してもらうときの URL の一部となるので, 簡潔で入力しやすいものにするべきである. ここでは実験ファイル名と同じ Stroop_test としよう. 続いて, [ローカルフォルダ] には実験が保存されているフォルダへの完全なパスを入力する. ここまで解説通りに作業していたなら, Stroop_test という名前のフォルダに保存しているはずだ. 入力欄の右にある「選択...」というボタンをクリックして Stroop_test フォルダを選択すると, Stroop_test フォルダへの完全なパスを入力できる. これらの情報は誤って入力してしまうと後から修正するのが難しいので, 間違っていないかしっかり確認すること. 万一間違えた場合はプロジェクトを削除して作り直すのが簡単だが, 削除方法については 3.4 節で解説する.

　残りの項目のうち，［グループ/オーナー］は複数のユーザーで管理するプロジェクトを作成する場合などに意味をもつが，後から変更できるのでとりあえずそのままにしておいて問題ない．［説明］は，Pavlovia を長く利用してプロジェクト数が多くなってきたときに，ここに実験についての情報が書いてあればなんの実験であったかわかりやすくなる．また，将来的に実験を公開するのであれば，ここに実験についての情報や関連する論文などの情報を書いておくと検索でみつけてもらいやすくなる．［タグ］も検索用のキーワードを入力しておくとよい．［説明］，［タグ］ともに後から編集できるので，とりあえずそのままにしておいて問題ない．

　一番下にある［パブリックプロジェクト］という項目は，ここをチェックするとプロジェクトが公開されて，Pavlovia にアクセスした世界中の人々から閲覧可能な状態となる．インターネットから実験に参加してもらうためには公開していないといけないのかと心配されるかもしれないが，プロジェクトが非公開でも後述する実験参加用URL を伝えれば実験に参加してもらえるので，その点は問題ない．この項目も後から変更できるので，とりあえずチェックしないままにしておくとよいだろう．

　［名前］と［ローカルフォルダ］が正しく入力されていることを確認したら，ダイアログ右下の「Pavlovia 上でプロジェクトを作成」をクリックする．PsychoPy によって Pavlovia 上にプロジェクトが作成され，さらに現在のローカルフォルダ (つまり Stroop_test) の内容の転送が始まる．しばらく待っていると，図 3.7 のようなダイアログが自動的に出現する．これは Pavlovia のプロジェクトに対して変更を行う際に，その概要を日時とともに記録するためのものであり，［変更の概要］は必ず入力しなければならない．日本語の文字も入力できるが，将来的に公開することを考えているならば英語で書くほうがよいだろう．この記録は研究活動の証拠としての利用も想定されており，後から変更できない．

　［変更の概要］は改行なしの短文しか記入できないが，［変更の詳細 (任意)］の欄に

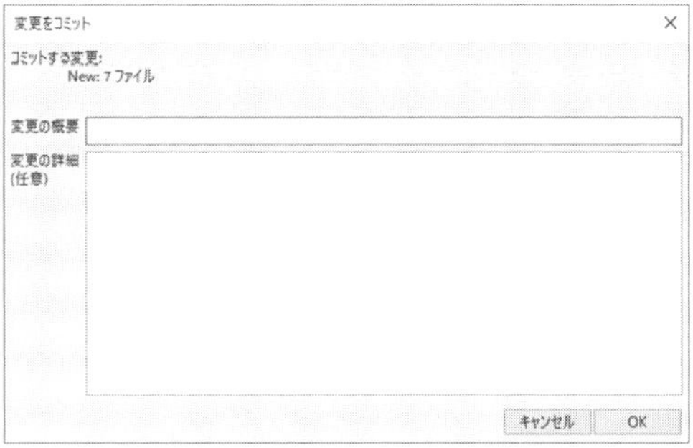

図 **3.7** 変更内容を入力する.

はより詳しい内容を記入できる．任意と括弧書きされているように，この欄は空白でも構わない．もちろん，この内容も後からは変更できないので，記入するときは誤りがないか注意深く確認してほしい．

　[変更の概要] を記入し，必要に応じて [変更の詳細 (任意)] も入力したら，OK をクリックしよう．これで Pavlovia への実験を転送できた．ここから先は Pavlovia のサイトでの作業となる．

ここまでの作業

- Stroop_test フォルダから，前章での動作確認で作成された実験データファイルなどの不要なファイルを削除する．
- Builder で Stroop_test を開き，メニューの「pavlovia.org」から「ユーザー」「Pavlovia にログイン」と選択して Pavlovia にログインする．
- メニューの「pavlovia.org」から「ユーザー」「同期」をクリックして，プロジェクトを作成する．プロジェクトの [名前] は Stroop_test とし，[ローカルフォルダ] には Stroop_test フォルダを指定して OK をクリックする．しばらく待つと変更内容を入力するダイアログが表示されるので，[変更の概要] に記入して OK をクリックする．

 ## 3.4　実験を実行可能にする

　Builder から実験を転送したら，ブラウザで pavlovia.org にアクセスしよう．Dashboard を表示し，メニューの Experiments をクリックすると，Pavlovia 上に作成した自分のプロジェクト一覧をみることができる (図 3.8)．ここまで解説通り作業してきていれば，Stroop_test というプロジェクトが登録されているはずである．もし前節の作業より前にこのページを表示していたら Stroop_test が表示されていない可能性があるが，その場合はブラウザでページをリロード (再読み込み) すれば表示される．3.3 節で実験の削除の話題が出たが，このページでプロジェクト名の左側にあるチェックボックスをチェックして，右上の Delete selected experiments をクリックすると削除できる．

　さて，3.1 節で触れたように，プロジェクトには inactive, piloting, running の 3 つのステータスがあり，プロジェクト作成直後は inactive の状態にある．inactive のときにはプロジェクトに含まれる実験は実行できないので，まずステータスを変更しなければならない．ステータスを変更するには，プロジェクト一覧に表示されている目的のプロジェクトをマウスでクリックする．ブラウザで新しいタブ (ブラウザの設

図 **3.8** プロジェクト一覧のページ

図 **3.9** プロジェクトのページ

定によってはウィンドウ) が開いて，図 3.9 のようなページが表示される．以後，このページのことを「プロジェクトのページ」と表記する．

　プロジェクトのステータスは，図 3.9 の左下に「ステータスの変更」と示している部分で変更する．現時点で INACTIVE という見出しとその下にある英語での簡単な説明を囲む枠が PILOTING や RUNNING に比べて太くなっているが，この枠全体がボタンとなっていて，クリックすることでステータスを変更できる．試しに PILOTING のボタンをクリックしてステータスを変更してみてほしい．ページがリロードされて，今度は PILOTING のボタンが太い枠で囲まれた状態になるはずである．

　piloting にステータスが切り替わると，ステータス変更ボタンのすぐ上にある Pilot と書かれたボタンが有効になる．Pilot ボタンをクリックすると，オンライン実験の動

作確認を行うことができる．ローカルデバッグで問題がなければここでの動作確認で
も問題がないはずだが，実験終了時の "Thank you for your patience." のメッセー
ジの前に "Closing the session. Please wait a few moments." といった警告が表示
されるなど，ローカルデバッグと少し挙動が異なるので，一度は確認しておくことを
お勧めする．

ここまでの作業

- ブラウザを使って Pavlovia の web サイトにログインし，Dashboard の Experi-
  ments のページを開く．
- プロジェクトのステータスを piloting にし，Pilot ボタンをクリックして動作確認
  を行う．

　なお，Pilot ボタンをクリックすると動作テスト用の一時的な URL (2021 年 10 月
現在の有効期間は 1 時間) が発行される．これは共同研究者に連絡して動作確認をし
てもらったりするための機能だが，一時 URL を実験参加者に伝えて，URL が有効
な間に実験を実行してもらうことで，クレジットを消費せずに実験を行うこともでき
なくはない．実験データファイルは Pavlovia のサーバに残らずに参加者側の PC に
ダウンロードされてしまうが，例えば実験実習の授業のように大学の PC 室で一斉に
実験を行うような状況なら，ダウンロードしたファイルをその場で提出させるといっ
たことも可能であろう．しかし，一時 URL の仕様は今後変更される可能性があるし，
何よりこのような利用法は本来意図されたものとは異なるので，筆者としては決して
お勧めしない．

　実験の動作に問題がないことを確認したら，ステータスを running にして本番の実
験を実施できるようにしよう．機関ライセンスの対象外かつクレジットを購入せずに
試している人は，ここから先本章の終わりまでの作業ができないので，読み進めなが
ら雰囲気を掴んでほしい．

　piloting に変更したときと同様に，図 3.9 左下の RUNNING のボタンをクリックす
るとページがリロードされてステータスが running に切り替わる．ページ左下に新た
に Running mode という欄が表示され，機関ライセンスの対象外である個人ユーザー
の場合は図 3.10 左側のようにプロジェクトへクレジットを割り当てられるようにな
る．クレジットを購入したときと同じ要領で，スライダーを調整するか，assigned と書
かれている欄にキーボードで直接入力してクレジットの割り当て数を調整し，Update
assigned credits と書かれたボタンをクリックして決定する．ちなみに assigned の右
側の available はまだプロジェクトへ割り当てられていないクレジット数，reserved
は現在実行中の実験のセッションがあって，そのセッションのデータ保存のために「リ

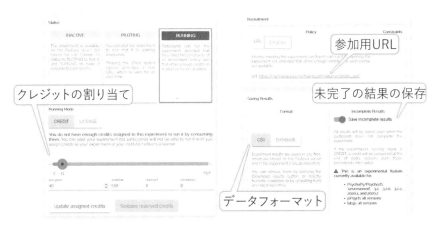

図 3.10　クレジットの設定，参加者用 URL，データ保存の設定.

ザーブ」されているクレジット数を表している．現時点では，まだ実行中のセッショ
ンはないので reserved は 0 である．最後の consumed はこのプロジェクトで消費さ
れたクレジット数を表しており，これも現時点では 0 である．

　機関ライセンスの対象となるユーザーの場合，ライセンス管理者が実験実施前の承認
(approval) を必須と設定しているか否かによって running に切り替えたときの動作が
異なる．もし実施前の承認が必須と設定されていて，まだ管理者が承認をしていない場
合は，"Stroop_test is covered by a license that requires one or more documents
to be approved before the experiment can be run." (Stroop_test のところにはプ
ロジェクト名が入る) などといった警告が表示されて実験を実行できない．警告が表示
されず，Running mode のところに "This experiment is covered by a license. All
documents have been approved. Participant can run it freely without credits
being consumed." と表示されていれば，クレジットの割り当てをせずに実行できる．

　続いてページ右側の内容も確認しよう．まず右上に Recruitment という欄があっ
て，そこに参加者用の URL が示されている．参加者にこの URL にアクセスしてもら
えば実験に参加してもらうことができる．すでに何度か述べているように，Pavlovia
のユーザー名とプロジェクト名が URL に含まれていることが確認できる．

　その下の Saving Results という欄には，実験結果の保存方法に関する設定項目があ
る．Format はデータを CSV ファイルで保存するか，データベース形式で保存する
かを選択する．CSV 形式の場合，1 回の実験セッション毎に実験データファイルとロ
グファイルがプロジェクトに追加される．データベース形式の場合，1 回の実験セッ
ション毎にログファイルのみがプロジェクトに追加され，実験データは別途 Pavlovia
上のデータベースに保存される．データベース形式の場合はプロジェクトのページか

ら Download results ボタンをクリックしないと実験データをダウンロードできないが，CSV 形式の場合はそれに加えてプロジェクトを同期させてもダウンロードできる (詳しくは 3.7 節)．両形式の違いは，将来的にプロジェクトを公開することを検討している場合は重要な意味をもつ (プロジェクトの公開については次章参照)．プロジェクトを公開すると閲覧者がプロジェクト内に含まれるファイルにアクセスできるので，CSV 形式の場合閲覧者は実験データファイルにアクセスできる．一方，データベース形式の場合，閲覧者はダウンロード画面へアクセスできないので，実験データファイルにアクセスできない．研究手順が適切であることを示すためやメタ分析のために実験データを公開するつもりであれば CSV 形式がよいであろうし，実験に使用したプログラムは公開したいがデータは公開できない場合などはデータベース形式を選ぶべきである．実験の公開を予定していないならば，どちらの形式でも大きな違いはないので自分が作業しやすいと思うほうを選べばよい．

Format の右には Incomplete Results という欄がある．ここには Save incomplete results というスイッチがあるが，これが OFF になっている場合は最後まで実行されたセッションのみが保存される．ON になっている場合は，参加者が実験の途中で ESC キーを押したり，ブラウザを閉じたりして中断されたセッションも保存される．どの程度のセッションが中断されたのか，どこで中断されたのかといった情報が役に立つことがあるのは間違いないが，中断されたセッションの保存にもクレジットが消費されるので，どちらを選択するかは悩ましいところである．筆者の経験では「教示画面や最初の数試行だけを行ってもう一度やり直す」という行動を数回繰り返す参加者が時々みられるのだが，こういった参加者がいる可能性を考えると，中断されたセッションも保存する場合は目標とする参加者数より多めにクレジットを割り振っておく必要がある．セッションの中断について分析する予定があるか，クレジットに余裕があるかといった点を総合的に判断して決めるとよいだろう．

ここまで確認したら，本番の実験を一度実行してみよう．プロジェクトが running になっていると，先ほど動作テストのときにクリックした Pilot ボタンの隣の Run ボタンが有効になっているので，これをクリックすると実験を実行できる．だが，ここはブラウザのウィンドウやタブを新たに開いて，Recruitment に書かれている URL を使って実験を開始できることを一度は確認しておいてほしい．もしインターネットに接続できる PC をもう 1 台もっているなら，そちらからアクセスしてみるのもいいだろう．後で実験データファイルのダウンロード操作を解説するときのために，少なくとも 1 回は最後まで実行してほしい．

> **ここまでの作業**
> - プロジェクトのステータスを running にし，機関ライセンスの対象ではない個人ユーザーの場合はクレジットを割り当てる．
> - Saving Results の Format が CSV に設定されていることを確認する．
> - Recruitment に書かれている URL を使って実験にアクセスし，実験を実行できることを確認する．少なくとも 1 回は最後まで実行する．
> - 個人ユーザーの場合，実験終了後にプロジェクトの図 3.10 左下の部分をみて，実験を最後まで実行した回数分だけ assigned が減少し，consumed が増えていることを確認する．これらの値が変化していない場合はプロジェクトのページをリロードすること．

　以上で参加者に実験を実行してもらうことが可能になった．しかし，オンライン実験では参加者の横に立って実験の手順を解説したり，参加者が実験情報ダイアログにきちんと入力しているか確認したりできないので，もう少し工夫しておく必要がある．次節ではいくつか便利なテクニックを紹介する．

 ## 3.5 実験セッション開始前の工夫

　オンライン実験でよくあるトラブルのひとつが，参加者 ID などの情報を入力してもらうための入力欄を設けているのに，空白のまま実行されてしまうものである．Builder で作る実験の場合，こういった情報は実験情報ダイアログで入力させることが多いと思われるが，オンライン実験では実験情報ダイアログの項目名にアスタリスクをつけることによって入力必須の項目とすることができる．入力必須の項目が空白のままだと OK ボタンが有効にならないので，入力し忘れを防げる．注意深い人はすでに，オンライン実験での実験情報ダイアログ (図 3.3) に "Field marked with an asterisk (*) are required." と書かれていることに気づいたかもしれないが，この注はこの機能を指している．とても便利な機能だが，participant と participant*のようにアスタリスクがついていない項目とついている項目は，別の項目として扱われるため，残念ながら実験データファイル名を決定する重要項目である participant の入力忘れ対策とはならない．また，何か入力されていれば OK をクリックできてしまうので，数字で参加者 ID を入れるべきところへ参加者が自分の名前を入力してしまうといったトラブルを防ぐこともできない．そこでお勧めしたいのが，実験情報ダイアログに入力する値を URL に埋め込んでしまう方法である．例えば実験参加用 URL が https://run.pavlovia.org/username/stroop_test/である場合，以下のように書

くと実験情報ダイアログの participant に 0001, age に 22, gender に M を指定したことになる.

```
1  https://run.pavlovia.org/username/stroop_test/?participant=0001&age
   =22&gender=M
```

書き方を説明すると, 実験参加用 URL に続けて半角の ? 記号を書き, 実験情報ダイアログの項目名と値を半角の = でつないだ形で書く. 複数の項目を同時に指定する場合は, 項目間を半角の & で区切る. 上記の例をよくみて, participant, age,

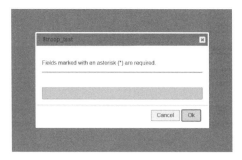

図 3.11 URL のパラメータで実験情報ダイアログの値を指定すると項目が表示されなくなる.

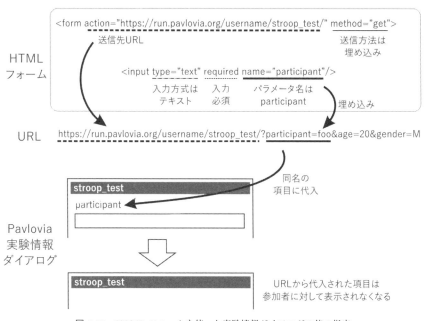

図 3.12 HTML フォームを使った実験情報ダイアログの値の指定

gender の 3 つの項目の値が指定されていることを確認してほしい.

この方法を使用すると，値を指定された項目は実験情報ダイアログに表示されないため，参加者が勝手に書き換えることはできない．Stroop_test で participant, age, gender をすべて指定してしまうと，表示すべき項目がなくなるので実験情報ダイアログは図 3.11 のようにファイル読み込み状況を示すバーと OK／キャンセルボタンのみとなってしまう．参加者には「OK ボタンをクリックできるようになったらクリックして次の画面に進んでください」などの教示をしておく必要があるだろう.

問題は値を埋め込んだ URL を参加者にどうやって伝えるかだが，ここでは HTML のフォーム (form) を使う方法をお勧めしたい (ここの解説は少々難しいので図 3.12 も参考にしながら読み進めてほしい). フォームとは web ページでユーザーに値を入力させたり項目を選択させたりして結果を送信させるための仕組みで，皆さんもインターネットを閲覧する際にそれとは意識せずに使ったことがあるはずである．本書では HTML については詳しく解説しないが，例えば participant, age, gender を入力させたいのならコード 3.1 のようなファイルを作成する.

コード **3.1** HTML フォームの例

```
1  <!DOCTYPE html>
2  <html lang="ja">
3  <head>
4      <meta charset="utf-8">
5      <title>心理学実験 参加者への説明文書</title>
6  </head>
7  <body>
8  <h1>心理学実験 参加者への説明文書</h1>
9  <p>実験への参加をご判断いただくために, 以下の説明をすべてお読みください. </p>
10 <dl>
11     <dt>研究の実施者</dt><dd>○○○○</dd>
12     <dt>研究の目的</dt><dd>○○○○</dd>
13     <dt>実験の方法</dt><dd>○○○○</dd>
14     <dt>参加が任意であること</dt><dd>○○○○</dd>
15     <dt>参加を中断する場合</dt><dd>○○○○</dd>
16     <dt>参加にともなう危害の可能性</dt><dd>○○○○</dd>
17     <dt>個人情報の扱い</dt><dd>○○○○</dd>
18     <dt>研究に関する情報の開示</dt><dd>○○○○</dd>
19     <dt>問い合わせ先</dt><dd>○○○○</dd>
20 </dl>
21 <p>
22 以上の内容を理解したうえで実験にご協力いただける場合は, 以下の項目に記入して
23 「同意して実験を開始する」をクリックしてください. ご協力いただけない場合は
24 このページを閉じてください.
25 </p>
26 <form action="https://run.pavlovia.org/username/stroop_test/" method=
       "get">
27     <p>
28     <label for="participant">参加者ID(数字 3桁＋アルファベット 1文字)</
```

```
29      label>
        <input required type="text" pattern="\d{3}[A-Za-z]" name="
        participant"
30          id="participant" maxlength=4 placeholder="000X"/>
31      </p>
32      <p>
33      <label for="age">年齢</label>
34      <input type="text" required pattern="\d*" name="age" id="age"
35          maxlength="2" placeholder="20"/>
36      </p>
37      <p>
38      <label for="gender">性別</label>
39      <select required name="gender" id="gender">
40          <option selected value="M">男性</option>
41          <option value="F">女性</option>
42          <option value="Other">その他</option>
43          <option value="N/A">回答しない</option>
44      </select>
45      </p>
46      <p>
47      <input type="submit" value="同意して実験を開始する"/>
48      </p>
49  </form>
50  </body>
51  </html>
```

ポイントは 26 行目から 49 行目の form タグである (タグとは <> で囲まれた部分のこと). form タグはその内側にある input タグ (文字列の入力ボックスに対応) や select タグ (プルダウンメニューに対応) などをもち, これらに入力された値を送信する働きをもつ. 26 行目の form タグの <> 内に書かれている部分 (これをそのタグの属性と呼ぶ) のうち, action= の後に書かれている URL が送信先で, ここには Pavlovia の実験参加用 URL を書いておく. method="get"とあるのが送信方法の指定で, この方法を用いると値を URL に埋め込まれた形で送信される. 先ほど紹介した Pavlovia の実験情報ダイアログへ値を埋め込む書式は, get による埋め込みと同じなので, このようにすると「? をつけて, & で区切って…」などと実験者が手作業をする必要がない.

この方法のよいところは, 参加者に「この URL のページにアクセスして, participant という欄にこの ID を入力して, age という欄に年齢を入力して, gender という欄で性別を選んでくださいね」と伝えて素っ気ない見た目の実験情報ダイアログに入力してもらうのではなく, 普段いろいろな web サイトで見慣れたフォームで実験情報ダイアログの値を入力してもらえる点である. HTML を少々勉強すれば, 入力に関する注意事項を日本語で自由に書き加えたり, 操作方法を説明するためのスクリーンショットを貼ったりすることもできる.

ほかに注目すべきポイントとしては，まず 29 行目と 34 行目の input タグ，および 39 行目の select タグの name という属性があげられる．name で指定された名前は URL 埋め込みの際のパラメータ名として使われるので，実験情報ダイアログの項目名と一致させる必要がある．

29 行目，34 行目，39 行目の required という属性は，この項目への入力が必須であることを意味している．required を活用すると，Pavlovia の実験側で項目名にアスタリスクをつけなくても入力を必須にすることができる．

29 行目に pattern="\d{3}[A-Za-z]" とあるのは，入力が数字 3 文字＋アルファベット 1 文字でなければならないという指定である．同様に 34 行目の pattern="\d*" は入力が数字でなければならないという指定である．pattern を使いこなすには「正規表現」という記法を学ぶ必要があるが，使いこなせれば不適切な入力を確実にはじくことができる．本書で使用した正規表現についてはサポートページ (http://www.s12600.net/psy/python/pavlovia/) で解説しているので参考にしてほしい．

あと，4 行目に charset="utf-8" とあるが，これは HTML ファイルが UTF-8 という文字コードで保存されていることを意味している．したがって，このファイルは UTF-8 で保存しなければならない．UTF-8 で保存できる好みのテキストエディタが

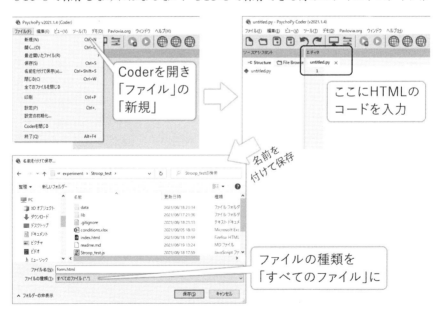

図 3.13　Coder で HTML ファイルを編集する．

すでにある人はそれを使えばよいが，よく意味がわからない人は PsychoPy の Coder を使ってファイルを作成するとよい．図 3.13 に Coder で HTML ファイルを編集する手順の概要を示す．まず，Coder が開いていなければ，Builder または Runner のメニューの「ウィンドウ」にある「Coder」を選択して開く．Coder の「ファイル」メニューから「新規」を選択して新しいファイルを作成する (図 3.13 左上)．すると図 3.13 右上のように「エディタ」と書かれているペインに新しいファイルのタブ (この例では untitled.py と書かれているタブ) が追加される．ファイル名は保存するときにつけるので，気にせずに HTML ファイルの内容を入力していこう．入力を終えたら，Coder の「ファイル」メニューから「名前を付けて保存...」を選択してファイルを保存するが，重要なポイントがある．Coder は標準では Python のスクリプトを編集，保存するようになっているので，ファイルを保存するときに種類を「すべて」に変更しなければならない．図 3.13 下は Microsoft Windows でのファイル保存ダイアログを例として示している．「ファイルの種類」という項目があるので，ここを「すべてのファイル」にして保存すること．

　なお，この例では同じページで実験の説明も行い，参加する意思がある場合だけ最後の送信ボタンをクリックするように指示している．説明に記載すべき内容はそれぞれの研究機関の倫理審査委員会などで定められているだろうから，その基準を満たすように書き換える必要があるだろう．個々の説明項目にチェックをつけさせる必要がある場合などは，以下のように説明項目をチェックボックスのラベルにして，それぞれの項目にチェックしないと送信できないようにすることもできる．

```
1 <input type="checkbox" required name="s1">
2 <label for="s1"><strong>参加が任意であること</strong> 参加者は…</label>
```

　このフォームを使って参加者を募集するには，サーバにファイルをアップロードして，Pavlovia の実験参加用 URL ではなくフォームの URL にアクセスしてもらう必要がある．参加者にとっては Pavlovia などという「聞いたこともないサイト」の URL より大学や研究所などの機関 URL のほうが安心してアクセスできるかもしれないので，所属機関の web サイトにアップロードさせてもらえるならそれがよいだろう．もちろん研究グループや個人で運営している web サイトでも構わない．適切な web サイトの心当たりがない場合は，Pavlovia のプロジェクトにアップロードするという手もある．例えば form.html という名前でプロジェクトのフォルダに置いた場合，実験参加用 URL の後ろに/form.html とつけ足した URL でアクセスできる．また，プロジェクト内に form というフォルダを作ってそちらに index.html という名前で置いた場合，実験参加用 URL の後ろに/form/とつけ足せばアクセスできる (ファイル名が省略された場合は index.html というファイルが読み込まれるため)．

　なお，この例からわかるように，実験実行可能な状態のときはブラウザを通じてプ

ロジェクト内のファイルに直接アクセスできるので，アクセスされてはいけないファイルをプロジェクト内に置かないこと．やむをえず置く場合は予想されにくいファイル名にするとよい．

さて，それではここまで解説してきたことを実際に作業して確かめてみよう．以下の通り作業してほしい．

ここで行う作業

- Builder で Stroop_test を開いておく．
- Coder のウィンドウを開き，ファイルを新規作成してコード 3.2 を入力する．または，サポートページ（`http://www.s12600.net/psy/python/pavlovia/`）からコード 3.1 をダウンロードする．ただし 5 行目の `action=` の後に続く URL は各自の Stroop_test プロジェクトの実験参加用 URL に書き換えること．
- URL の書き換えを終えたら，Stroop_test フォルダに form.html という名前で保存する．これで Stroop_test フォルダには index.html と form.html という 2 つの HTML ファイルができているはずなので，確認しておくこと．
- Builder に戻り，メニューの「pavlovia.org」から「同期」を選択する．3.3 節での作業と同様に，変更内容を入力するダイアログが出てくるので，[変更の概要]に記入して OK をクリックする (記入内容は「HTML フォームの追加」など，各自でわかりやすいものをつければよい)．これで form.html が Pavlovia 上のプロジェクトに追加された．
- もし Pavlovia 上で Stroop_test プロジェクトが running になっていないなら running にし，必要ならクレジットを割り当てる．
- ブラウザで実験参加用 URL に/form.html をつけ加えた URL にアクセスし，まずフォームに入力せずに「実験を開始する」をクリックして先に進めないことを確認する．続いてフォームのすべての項目に入力して「実験を開始する」をクリックし，図 3.11 のようなバーと OK ボタンしかないダイアログが表示されることを確認する．確認が済んだら ESC キーを押して実験を中断してよい．

コード 3.2 にこの作業用の HTML ファイル (form.html) を示す．これはコード 3.1 の短縮版で，レイアウトを整えたり入力内容をチェックしたりといった部分を省略してある．本来なら書くべきタグも省略しているが，Chrome，Firefox，Edge などのブラウザなら表示できるはずである．

コード **3.2** HTML フォームの例 (短縮版)

```
1  <!DOCTYPE html>
2  <html lang="ja">
3  <head><meta charset="utf-8"></head>
4  <body>
```

```
 5 | <form action="https://run.pavlovia.org/username/stroop_test/" method=
   |     "get">
 6 |     <label>参加者ID</label>
 7 |     <input required type="text name="participant"/>
 8 |     <label>年齢</label>
 9 |     <input type="text" required name="age"/>
10 |     <label>性別</label>
11 |     <select required name="gender">
12 |         <option selected value="M">男性</option>
13 |         <option value="F">女性</option>
14 |         <option value="Other">その他</option>
15 |         <option value="N/A">回答しない</option>
16 |     </select>
17 |     <input type="submit" value="実験を開始する"/>
18 | </form>
19 | </body>
20 | </html>
```

 ## 3.6 実験セッション終了後の工夫

前節では実験開始前に HTML ページを活用する方法を解説したが，本節では実験終了時に HTML ページを活用する方法を取り上げる．Builder で Stroop_test を開いて「実験の設定」ダイアログを開いてみよう．「オンライン」タブに [正常終了時のURL] および [中断時の URL] という項目がある (図 3.14)．ここに URL を記入しておくと，それぞれ実験が正常に終了したとき，実験が ESC キーで中断されたときに，終了処理が終わった後にその URL のページへ自動的に移動する．これまでの動作確認ではこれらの項目は空白だったわけだが，その状態では実験が終了した後には背景色で塗りつぶされたページがただ表示されているだけなので，実験参加者の中にはどうしたらよいのか戸惑う人もいるだろう．実験開始前のページで「最後に灰色 (背景色) 一色の画面になったらページを閉じても大丈夫ですよ」と教示しておくのもよいが，もっとわかりやすいページを作っておいてそちらを表示するとよい．正常な終了と中断で別の URL を指定できるので，中断した人向けの指示を記したページを置いておくという使い方も便利だろう．

図 3.14 実験が中断されたとき，正常に終了したときに表示するページの URL をセットする．

　移動先のページは前節と同じように所属機関の web サイトにアップロードさせても
らうとか，Pavlovia のプロジェクトに含めてしまうとかすればよい．プロジェクトに
含める場合は，URL は http: から書く必要がなく，プロジェクトフォルダを基準とした
相対的な位置で書くことができる．つまり，プロジェクト内に doc というフォルダを用
意して，その中に正常終了時用の thanks.html，中断時用の abort.html という名前で
移動先のページを配置している場合，[正常終了時の URL] には doc/thanks.html，[中
断時の URL] には doc/abort.html とだけ入力すればよい．5.1 節で使用するチュー
トリアル用のプロジェクトでこのテクニックを使用しているので，そちらも参考にし
てほしい．

　おそらく「実験終了後にいくつかの質問に回答してほしい」という要望もあると思
うが，残念ながらこちらは「前節と同じようにフォームを使って…」というわけにはい
かない．フォームを使う場合，送信されたフォームを受け取って記録する仕組みが必
要だからである．前節の場合は Pavlovia の実験プログラムが「受け手」の役割を果た
していたのだが，今度はもう実験が終了しているので同じ手は使えない．所属機関や
自前の web サーバで受け手のプログラムを用意できるのならそうするのもよいが，そ
ういった用途に使えるサーバがない場合や，プログラムを作成する技術がない場合な
どは，Google フォームなどでフォームを作成してその URL を指定するといった方法
が使える．この場合の問題点は，Pavlovia 側に記録されている実験データと Google
フォームに記録されている回答の対応づけである．実験参加者が一人ずつ時間をおい
て参加してくれれば記録に残っている日時から対応づけることは可能だが，オンライ
ン実験ではほぼ同時に複数の人が参加する可能性があるので，日時だけで対応づけを
しようとするのは危険である．Google フォーム側に参加者 ID を入力する欄を設けて
おいて，Pavlovia での実験開始時に入力した ID を Google フォームにも入力しても
らうようにするなどしておけば，参加者が入力間違いをする可能性を排除できないも
のの，多くの場合はうまくいくだろう．

　さらに高度な方法として「移動先 URL に参加者 ID を埋め込んで，Google フォー
ム側で埋め込まれた値を記録する」というものがあるが，これを実現するには実験実行
中に移動先 URL を生成する必要がある．この方法を実現するには Builder の Code
コンポーネントというものを解説する必要があるので，5.4.6 項で改めて触れる．

　それでは，本節のまとめとして，以下の作業を行おう．

ここで行う作業
- Builder で Stroop_test を開き，「実験の設定」ダイアログの「オンライン」タブ
  にある [正常終了時の URL] および [中断時の URL] に適当な web サイトの URL

を入力する．別に個人の web サイトでもニュースや検索のサイトでも構わないが，それぞれに異なる URL を入力すること．入力したら OK をクリックしてダイアログを閉じる．

- Builder の「ファイル」メニューから「HTML 形式でエクスポート」を選び，変更内容をオンライン実験用ファイルとして書き出す．

- Stroop_test を Runner に登録して，Runner から「ローカルデバッグで実行」をクリックして実験を開始する．実験情報ダイアログに適当な値を入力して OK をクリックし，実験が始まってから適当なタイミングで ESC キーを押して実験を中断する．実験データファイルのダウンロードなどの終了処理が終わった後に，[中断時の URL] に指定した URL へ自動的に移動することを確認する．

- もう一度 Runner から「ローカルデバッグで実行」をクリックして実験を開始し，今度は最後まで実験を行う．終了時の処理が終わった後，[正常終了時の URL] として指定した URL へ自動的に移動することを確認する．

- クレジットに余裕があるなら，実験を Pavlovia に同期して，実験参加用 URL からアクセスして実行しても，ローカルデバッグと同様に実験終了時に指定した URL へ移動することを確認する．

 ## 3.7 結果をダウンロードする

Pavlovia のプロジェクトが running に設定されているとき，実験データは Pavlovia のサーバに保存されるということはすでに何度か述べた．サーバに蓄積された実験データを確認するにはどうしたらいいだろうか？ 実は，ここまで解説している通りの手順に作業をしていたら，すでに 3.4 節以降，ステータスが running のときに実行した実験のデータがすでにあなたの PC の Stroop_test フォルダの data フォルダ内にダウンロードされているはずである．3.4 節で実験データの保存形式について解説したとき，CSV 形式に設定すると実験データファイルがプロジェクトに追加されると述べたことを覚えておられるだろうか．Pavlovia サーバ上でプロジェクトに追加されたファイルは，Builder から「同期」を行うと，PC 側のプロジェクトフォルダ内にダウンロードされるのである．ここまで「同期」を自分の PC から Pavlovia 上のプロジェクトに転送するために使用してきたが，「同期」とは文字通り PC 上のプロジェクトフォルダと Pavlovia サーバ上のプロジェクトの内容を一致させることであり，サーバで追加されたファイルがあればそれが PC のプロジェクトフォルダに転送されてくるというわけだ．

以上の理由で，CSV 形式で実験データを保存していれば，同期を行うと実験データは PC へダウンロードされてくる．もしオンライン実験と並行して Python でも実験

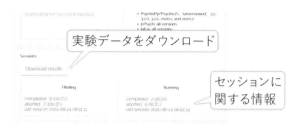

図 **3.15**　プロジェクトページの Sessions

を行っている場合，Python で行った実験のデータも Pavlovia サーバ上のプロジェク
トへ転送される．両方の実行環境の実験データファイルをプロジェクト内で統一的に
管理することができる．

　オンライン実験のデータ保存形式をデータベース形式にしている場合，同期を行っ
ても data フォルダにはログをまとめた ZIP ファイルがダウンロードされるだけで，
実験データそのものはダウンロードされない．実験データをダウンロードするにはブ
ラウザで Pavlovia にアクセスし，プロジェクトのページを開いて右下の Sessions と
いう欄にある Download results というボタンをクリックする (図 3.15)．これで ZIP
形式でまとめられた実験データファイルをダウンロードできる．また，Sessions に
は最後まで実行された実験セッション数 (completed)，中断された実験セッション数
(aborted)，最新セッションの日時が表示されている．このページでは日時は UTC (協
定世界時) で表示されるので，日本時間にするには 9 時間加える必要があることに注
意してほしい．

　以上で Builder で作成した実験をオンライン実験として実施し，結果をダウンロー
ドするまでの手順をひととおり解説した．次章では，Pavlovia のもう 1 つの顔である
「実験を共有する」機能についてみていこう．

4 Pavloviaで実験を共有しよう

 4.1 なぜ実験を共有するのか

本章ではPavloviaによる「実験の共有」について解説する．実験の共有とは，実験に使用したプログラムや記録された実験データを一部の共同研究者，あるいは不特定多数からアクセスできるようにすることであり，その目的は多岐にわたる．例えば遠隔地にいる共同研究者と実験を行うときに，動作確認中の実験を共有できれば実験の準備がはかどるだろうし，発表した論文で使用した実験のプログラムを一般に公開すれば，その実験を利用した研究を行ってくれる研究者が現れるかもしれない．また，プロジェクトに対する変更がすべて記録されるという特徴を活かして，研究が適切に行われた証拠としてプロジェクトを公開することもできる．

こういった用途は，特に心理学を学びはじめたばかりの学生の皆さんにとっては身

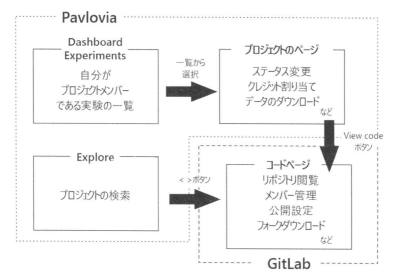

図 4.1 本章で説明する web ページの関係

近ではないだろうから，本章の内容に興味がもてないかもしれない．しかし，次章で
重要なポイントに絞って解説をするために，途中まで作成済みの実験プロジェクトを
Pavlovia の共有機能を使ってダウンロードして作業する予定なので，自分が実験を共
有する予定がなくても本章は飛ばさずに読み進めてほしい．4.4.1 項のプロジェクト
の検索，4.4.2 項，4.4.3 項のプロジェクトのフォークとダウンロードで解説する操
作ができれば十分である．また，プロジェクトの共同管理 (4.5 節) を利用すると，機
関ライセンスを導入するほどの規模でない研究室などで，代表者のみクレジットを購
入してほかのメンバーのプロジェクトを代表者のクレジットで実行することが可能と
なるので興味がある読者は目を通しておいてほしい．

　なお，本章で説明する web ページの関係を前もって図 4.1 に示しておくので，読ん
でいて互いの関係がわからなくなったときに参考にされたい．

◆ 4.2　プロジェクトの「コード」ページを活用する

　前章では，Pavlovia のプロジェクト画面でオンライン実験のためのステータス変更，
クレジットの割り当て，データ保存に関する設定の変更，ダウンロードといった手続
きができることを解説してきたが，プロジェクトに対してそれ以上の操作を行う場合
は別のページへ移動する必要がある．Pavlovia で Stroop_test のプロジェクトページ
を開いて，左側の Status のすぐ上の View code, Pilot, Run と 3 つ並んでいるボタ
ンの View code をクリックすると，図 4.2 右のようなページが開く (ユーザー名とパ
スワードを尋ねられた場合は Pavlovia にログインするときのものを入力する)．呼び

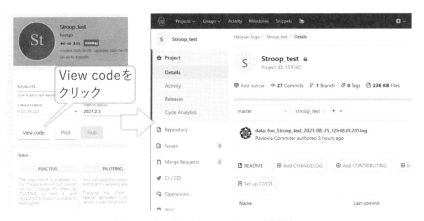

図 **4.2**　プロジェクトのコードページを開く．

名がないと不便なので，以後このページを (View code ボタンをクリックして開くの
で) プロジェクトのコードページと表記する．

　すでに前章で何度か触れているが，Pavlovia のプロジェクトには作成後に行われた
変更がすべて記録されている．この変更記録は Git というバージョン管理システムに
よって実現されている．バージョン管理システムとは，プログラムやドキュメントを
作成する際に，変更した日時や内容などをすべて記録しておいて，後から確認したり
過去の状態を復元したりするためのシステムである．バージョン管理システムが管理
しているファイルやその変更履歴をまとめたものをリポジトリと呼ぶことが多い．Git
はオープンソースソフトウェアの開発現場でよく使われているバージョン管理システ
ムのひとつであり，もしかしたら読者の中にも使っている人がいるかもしれない．こ
こまで漠然と「Pavlovia 上のプロジェクト」と呼んできたものの実体は Git のリポ
ジトリであり，プロジェクトのコードページは GitLab と呼ばれる Git リポジトリマ
ネージャ (オンラインで Git のリポジトリの管理を行うツール) によって実現されて
いる．

　改めてプロジェクトのコードページをみると，ページの上端と左端にメニューがあ
る．ページ上端のメニューをトップメニュー，左端のメニューをレフトサイドバーと
呼ぶ．レフトサイドバーがアイコンのみの表示になっている場合は，ブラウザのウィ
ンドウの幅が狭いのが原因なので，ウィンドウの幅を広くすると図 4.2 右のような表
示となるはずである．ウィンドウの幅を画面いっぱいに広げてもアイコン表示のまま
の場合は，レフトサイドバーの表示を小さくするように設定されている可能性が高い．
その場合，レフトサイドバーの一番下にある >> マークをクリックすると図 4.2 右の
ような表示となる．

　レフトサイドバーは項目が折りたたまれていて，現在展開されている項目は強調表
示されている．展開されていない項目の上にマウスカーソルを重ねると，右側に下位

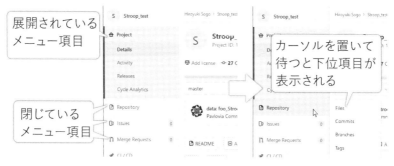

図 4.3　レフトサイドバーの操作

項目がポップアップする (図 4.3)．展開されていない項目をクリックすると，現在展
開されている項目が折りたたまれてクリックされた項目が展開されるが，そのたびに
ページがリロードされてしまうので，ポップアップを使ったほうが軽快に作業できる．
とにかく項目が多くて圧倒されるが，大規模な共同開発プロジェクトを Git で管理す
る場合などに使う項目が多く，一般的な心理学実験のプログラムを管理する場合は一
部を押さえておくだけで十分である．

4.2.1　リポジトリの内容を確認する

　レフトサイドバーに Repository という項目があり，ここに含まれる Files という下
位項目を選択すると，図 4.4 上のようにリポジトリに含まれるファイルの一覧が表示
される．注目してほしいのは，それぞれのファイルの更新日時と，更新時につけた概要
(Builder で「同期」をするときにつけたもの) が表示されている点である．更新日時は
5 days ago のようにざっくりと表示されているが，マウスカーソルを重ねると分単位
まで表示される．また，変更の概要 (Last commit と見出しがついている列) の文字
列がリンクになっており，このリンクをクリックするとその更新でファイルがどのよ
うに変更されたかを確認できる (Excel ファイルやメディアファイル，圧縮されたファ
イルなどは除く)．実験の動作確認中，PC で行った修正が Pavlovia での動作確認で
は反映されていないように思われる場合などに，この Files を確認すれば「HTML 形
式でエクスポート」をし忘れているとか，刺激用の画像ファイルが転送されていない
といった原因がみつかるかもしれない．
　リポジトリに対して行った更新を時系列順にみたい場合は，レフトサイドバーの

図 4.4　リポジトリの内容を確認する．

Repository に含まれる Commits を選択する．図 4.4 下のように，最新のものから順番に更新記録が表示される．ここまで解説通りに作業してきていれば，自分自身が Builder から「同期」を実行したときにつけた変更の概要のほかに，実験を実行した際にログファイルや実験データファイルが自動的にプロジェクトに登録されたことも記録されていることがわかる．実験データファイルを削除した場合も「ファイルを削除するという変更をした」という記録が残るので，あたかも「電子版のラボノート」のように研究活動の記録として利用することもできる．

4.2.2 プロジェクトの説明，タグ，アバターを変更する

ページ左端のメニューの Settings にはプロジェクトの設定に関する下位項目が含まれている．ここには重要な項目が 2 つあるが，本節では General という項目について説明する．メニューから General を選択すると，図 4.5 上のように General project, Permissions などの項目が表示される．このページはさらに内容が折りたたまれており，各項目の右端にある Expand と書かれたボタンをクリックすると展開できる．

図 4.5 下は General project を展開した様子を示している．ここではプロジェクト

図 **4.5** リポジトリの設定を変更する．

の説明 (Project description) やタグ (Tags)，アバター (Project avatar) の変更がで
きる．ほかにも Project name という項目があるが，ややこしいことに，Pavlovia の
Dashboard に表示されるプロジェクト名はコードページでいうリポジトリの名前で
ある．なので，ここで Project name を変更しても，Dashboard に表示されるプロ
ジェクト名は変化しないし，実験参加用 URL に含まれるプロジェクト名も変化しな
い．間違えやすいので注意してほしい．いずれの項目にせよ，変更したら下のほうに
ある Save changes を忘れずにクリックしよう．

　プロジェクトのアバターとは，プロジェクトの一覧表示のときなどに表示される画像
のことである．実験の内容が想像できるような画像をアバターに指定しておくと，プ
ロジェクトの数が増えてきたときに目的の実験を含むプロジェクトを探しやすくなる．
アバターを設定するには，JPEG，PNG，アニメーション GIF などの形式で 200 kb
以下のサイズの画像を用意したうえで，Project avatar の Choose file... と書かれた
ボタンをクリックして用意しておいた画像ファイルを選択するだけである．選択後に
画像を加工する機能は現時点では備わっていないので，トリミングや色の調整などが
必要な場合はあらかじめ済ませておく必要がある．アバター登録後は Remove avatar
というボタンが Choose file... のボタンの下に表示されるので，削除したい場合はこ
のボタンをクリックすればよい．

4.2.3　プロジェクトのアーカイブ，リポジトリの名前変更，削除をする

　Settings の General を選択し，ページの下のほうへスクロールすると Advanced と
いう見出しがある．これを展開すると，プロジェクトのアーカイブなどの項目が表示
される．アーカイブとは，もう終了してしまって新たに変更を加えたり実行したりす
る予定がない実験を読み出し専用の状態にすることである．このようなプロジェクト
は削除してしまっても構わないのだが，実験を論文等として発表する際に，研究が適
切に行われた証拠として外部からアクセスできる状態で置いておきたい場合や，ほか
の研究者に実験やデータを活用してもらうために公開し続けたい場合などには，アー
カイブにすることを検討するとよい．

　Advanced にはほかにリポジトリの名前変更 (Rename repository) という項目が
ある．先に述べた通り，Pavlovia の Dashboard で表示されるプロジェクト名の実体
はこのリポジトリ名なので，これを変更すれば Dashboard でのプロジェクト名や実
験参加用 URL を変更できるかもしれない．ただし，新しい名前の入力欄のすぐ下に
警告が書かれている通り，リポジトリの変更はかなり厄介な作業なので，3.3 節でも
述べたように新しい名前でプロジェクトを作るほうが簡単である．ここでの名前変更
は行わないことをお勧めしたい．

　Advanced でもう 1 つ紹介しておきたいのが削除 (Remove project) で，文字通り

プロジェクトを削除する．こちらで削除を行うと，Pavlovia の Dashboard からもプロジェクトが自動的に削除される．Dashboard から削除しても，こちらで削除してもどちらでもよい．

4.2.4 プロジェクトの一覧をみる

解説通りに操作していたらまだ 1 つしかプロジェクトがないはずだが，アーカイブの話をしたのでプロジェクト一覧をみる方法を解説しておこう．トップメニューの左端にある Project をクリックすると，図 4.6 上のようにメニューが表示される．Your projects は自分のプロジェクト，Starred projects は 4.4 節で述べるスターをつけたプロジェクトを表示する．Explore projects では公開されているプロジェクトを検索することができる．Frequently visited にはよくアクセスしているプロジェクトが表示される．

図 4.6 下は Your projects を選択したときの表示例を示している．左上に Your projects, Starred projects, Explore projects とあり，ここをクリックすると表示するプロジェクトを切り替えることができる．右上のプルダウンメニューをクリックすると並び順などの表示設定を変更できるが，ここに Hide archived projects という項目がある．標準ではこの項目がチェックされており，アーカイブされたプロジェクトは表示されないようになっている．一度アーカイブしてしまったプロジェクトをもとに戻したいのにプロジェクト一覧に表示されなくて困った場合は，この Hide archived projects を解除すればよい．

図 4.6 プロジェクトの一覧の表示とアーカイブ表示の切り替え

4.2.5　自分のプロフィールを変更する

トップメニューの一番右側のアイコンをクリックすると，自分のプロフィールを閲覧したり編集したりするためのメニューが表示される (図 4.7)．もし Pavlovia を使って自分が発表した論文の実験を公開するつもりならば，ほかの研究者が検索して連絡をとりやすいようにプロフィールを記入しておくとよい．所属や Bio を入力したり，アカウントを作成する際に登録した E メールアドレスを公開するかを設定したり，Skype や Twitter, LinkedIn のアカウントを登録したりできる．また，プロジェクトのアバターを設定したときと同じような手順で，アカウントのアバターを設定することもできる．アカウントのアバターは，Gravatar という複数のサイトで共通のアバターを使用する web サービスに対応しているので，Gravatar に登録してあるメールアドレスでアカウントを作成したなら，アバターに反映されているはずである．

なお，Preferred language という項目を「日本語」にするとコードページの表示が日本語化されるが，GitLab に関しては日本語の情報が乏しく，インターネット上で使い方を調べたいときなどは英語表記のほうがヒットする可能性が高いと思われるので，本書では英語表記のまま使用することにする．

図 **4.7**　プロフィールの編集

4.3　実験を公開する

3.3 節において，Pavlovia のプロジェクトを作成するときにはとりあえず [パブリックプロジェクト] のチェックをオフにする，つまりプロジェクトを公開しないようにすることをお勧めした．その後，実験の実施，学会発表などを経て，いよいよプロジェクトを公開したいという段階になったら，プロジェクトのコードページを開いてレフトサイドバーの Settings に含まれる General を開き，Permissions の見出しを展開しよう．すると図 4.8 のように Project visibility という項目が表示され，一番上のプルダウンメニューを使って Private, Internal, Public の 3 種類の設定から 1 つを選ぶことができる．

まず，Private はプロジェクトのメンバーしかアクセスできない設定である．Builder

で [パブリックプロジェクト] をチェックせずにプロジェクトを作成すると，ここは Private になっているはずである．4.5 節で述べる方法でプロジェクトにメンバーを追加していない限り，プロジェクトメンバーは自分 1 人だけである．この状態では，コードページ上でも Pavlovia 上でもプロジェクトのメンバー以外には表示されない．

Internal というのは少々ややこしい設定で，コードページ (つまり GitLab) にログインしているユーザーなら誰でもアクセスできるが，ログインしていないユーザーからはアクセスできないというものである．何がややこしいかというと，例えば A さんが foo というプロジェクトを Internal に設定して，foo のプロジェクトメンバーではない Pavlovia ユーザーの B さんが foo にアクセスするというケースを考えてみよう．このとき，B さんが GitLab 上で foo を検索すると，foo をみつけることができる (検索については 4.4 節参照)．これは Internal の定義通りなので問題ない．一方，B さんが Pavlovia で foo プロジェクトを検索すると，この場合は foo はヒットしないのである．Internal の「GitLab にログインしているメンバーならば」という意味を厳密に考えれば「なるほど」と納得する挙動なのだが，「心理学実験の共有」という目的上はあまり意味がない設定だというのが筆者の意見である．共同研究者などの，プロジェクトメンバーではない一部の Pavlovia ユーザーにだけ公開したいのであれば，プロジェクトを ZIP ファイルにまとめてメールに添付して送信する，オンラインストレージで共有する，4.5 節のプロジェクトメンバーを追加するといった方法のほうが簡単である．

Public では，Pavlovia のアカウントをもっているなどの条件は一切不要で，誰でもアクセスできる．プロジェクトを広く公開するならこの設定がよいだろう．

プロジェクトを無制限に公開したからといって勝手に誰かにプロジェクトを書き換えられたりすることはないが，プロジェクトのコードページの土台である GitLab の性質上「プロジェクトをこのように更新してほしい」というリクエストは送られてくる可能性がある．そういった「プロジェクトにアクセスした人ができること」を詳細に設定する項目が Project visibility の下に並んでいるが (図 4.8)，GitLab の知識がある上級者向けの項目である．プロジェクトを公開する段階になったらプロジェクトを頻繁に更新することはないだろうから，アーカイブに設定しておくとプロジェクトに対する変更をまとめて禁止できるのでお勧めである．プロジェクトのメンバー以外は Settings の項目を利用できないので，勝手にアーカイブを解除されることはないし，アーカイブ状態でも Public なプロジェクトは Pavlovia から検索してみつけることが可能である．

ところで，プロジェクトを公開するということは，プロジェクトのコードページが公開されてしまうということである．実験が実行されてデータファイルがプロジェクトに追加された日時や，刺激画像のファイルや実験データファイルもすべて自由にみ

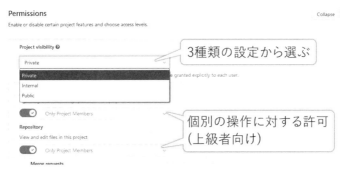

図 **4.8** プロジェクトの公開範囲を設定する.

ることができる状態となる．だから，実験を公開するときには公開してはいけない情
報がプロジェクト内に含まれていないかよく確認されたい．例えば実験に使用してい
る刺激画像のファイルは不特定多数が閲覧，複製できる状態で公開してよいものか，
実験データファイルに参加者の個人情報が含まれていないかといったことは必ず確認
しておこう．

　また，実験結果を公開することについて参加者に事前に説明して同意を得ていたか，
共同研究者がいる場合は共同研究者の合意が得られているかといったことも押さえて
おくべきポイントである．学会や論文で発表した実験を体験できるデモを提供したい
場合や，同じ分野の研究者に自分の実験を活用してもらいたい場合などは，実験デー
タファイルまで公開する必要はないだろうから，実際に実験に使用したプロジェクト
とは別に公開用のプロジェクトを作るのもよいだろう．

　以上のことを理解したうえで公開を決意したが，「基本的に自由に複製，改変して配
布してもらって構わないけれど，刺激画像についてだけは再配布しないでほしい」と
いった具合に，利用条件を細かく指定したい場合があるだろう．プロジェクトのコー
ドページは GitLab を土台にしていることは何度か述べたが，GitLab の主な用途で
あるオープンソースソフトウェア開発の分野ではリポジトリに LICENSE という名前
のファイルを置いて，そこに利用条件を書くのが一般的である．そのため，プロジェ
クトのコードページにも LICENSE ファイルを簡単に追加する機能が備わっている．

　図 4.9 上はプロジェクトのコードページでレフトサイドバーの Project から Details
を選択した状態を示している．ページの上のほう，プロジェクト名の下に Add license
というボタンがあり，ここをクリックすると図 4.9 下のような LICENSE ファイルの編
集画面になる．大きい入力欄に利用条件を書き込み，その下にある Commit message
という欄には Builder の [変更の概要] にあたる内容を 1 行で書き込む．Commit
message には標準で Add LICENSE という文字列が入力されていて，このままでよい

図 **4.9** プロジェクトのライセンス (利用条件) を入力する.

なら変更する必要はない. GitLab にはオープンソースソフトウェアでよく使われる利用条件のテンプレートが用意されていて, 入力欄の上にある Apply a license template と書かれているプルダウンメニューをクリックして選ぶこともできる. オープンソースソフトウェアの開発者にとってはお馴染みなので名称をみただけで「ああ, あのライセンスね」となるものだが, 大部分の心理学者にとっては縁がないので, テンプレートにこだわる必要はないだろう. 記入を終えたら一番下の Commit changes をクリックして変更を確定する. 取り消したい場合は右下の Cancel をクリックすればよい.

LICENSE のほかに利用条件を示すのに活用できそうな仕組みとして readme というものがある. readme はリポジトリを利用しようとする人に読んでほしいことを書いておくファイルで, ファイル名が大文字だったり小文字だったり, 内容の書式に応じて .html や .md といった拡張子がついたりすることがある. readme のよいところは, LICENSE よりも利用者の目につきやすくなる仕掛けがいくつかある点である.

もし 2021.1 以降の PsychoPy を使用していて, ここまで解説通りにしていれば, プロジェクトのリポジトリには Builder によって自動的に readme.md という名前の内容が空っぽのファイルが作られているはずだ. readme.md は自分の PC 上でローカルに編集することもできるし, プロジェクトのコードページから編集することもできる.

図 4.10　プロジェクトに readme を追加して編集する.

コードページから編集する場合はレフトサイドメニューの Project から Details を選択し，図 4.10 上に示す README と書かれたリンクをクリックする (もし readme がプロジェクトに存在しなければ Add README という表記になっている). すると図 4.10 下のような画面になり，右のほうにある Edit をクリックすると LICENSE の編集画面と同様の画面になる. ただし，LICENSE と異なりテンプレートはない. readme の本文は Markdown という記法に対応しているので，知っている人は活用するとよい. 本文を記入したら，必要に応じて Commit message も編集して，左下の Commit changes をクリックすれば変更を確定できる.

　readme に記入すると，プロジェクトのコードページ上ではレフトサイドバーの Project の Details，または Repository の Files などでファイル一覧を表示したときに一覧の下に readme の内容が表示される (図 4.11 上). また，PC で Builder を使ってプロジェクトを開いたときに，自動的に図 4.11 中段のように readme の内容が表示される. この「自動的に表示される」というのがポイントで，プロジェクトを公開する際に readme を用意しておけば，利用者がプロジェクトを Builder でみようとしたときに readme を読んでもらえる可能性が高くなる.

　Builder で readme を編集する場合は，readme を表示しているウィンドウの「ファイル」メニューから「編集」を選択する. 一度閉じてしまった readme をもう一度開きたい場合は，Builder のメニューの「ビュー」から「Readme 表示 ON/OFF」を選択するとよい. ひとつ注意しておきたいのは，Builder でまだ実験を一度も保存していないときに「Readme 表示 ON/OFF」で readme を開いて「編集」しようとしたときの動作である. readme は実験が保存される場所 (=プロジェクトのフォルダ)

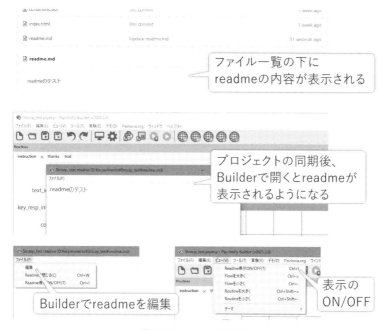

図 4.11 readme の表示

に保存される仕様なので，実験が保存される前に編集しようとすると保存場所が定ま
らない．バージョン 2021.2.3 で確認したところ，「編集」を選択した時点で readme
をどこかへ保存するかのようなダイアログが表示されるが，直後に readme のウィン
ドウが閉じてしまい readme も作成されない．将来のバージョンではもっとわかりや
すく警告やエラーが表示されるようになるか，仕様が変更される可能性がある．

　長々と書いてきたが，実験の公開に関する解説はとりあえずこれで区切りにしたい．
ここまで解説を読んで「実験を公開するって面倒くさいなあ」と思われた方も多いか
もしれない．特に初心者の間は，無理に自分の実験を公開しようとか考えずに誰かが
公開してくれている実験を大いに活用すればよい．もし将来 Pavlovia を使ってオリ
ジナルな研究を発表する立場になることがあったら，そのときは実験の公開を検討し
ていただければと思う．

 4.4　公開されている実験を検索して活用する

4.4.1　プロジェクトの検索と複製
さて，自分のプロジェクトを公開する方法を解説したので，続いて他人が公開して

いるプロジェクトを検索する方法について解説する．プロジェクトの検索は Pavlovia の Explore から行う方法と，プロジェクトのコードページ (GitLab) から行う方法があり，ここまでにも触れてきたように Internal やアーカイブに設定されたプロジェクトの扱いが微妙に異なる．ここでは Pavlovia の Explore から検索を行う方法を紹介しよう．

　ブラウザで Pavlovia にアクセスし，ページ上部のメニューから Explore をクリックすると，図 4.12 のようなページが表示される．ページ上部に検索条件の設定欄とキーワードの入力欄があり，その下にアクセス可能なプロジェクトが表示されている．アクセス可能なプロジェクトとは，公開されているプロジェクトと，現在 Pavlovia にログイン中のアカウントでアクセスできる非公開プロジェクトのことである．以前はプロジェクトにアバターを設定すると，このページに反映されたのだが，残念ながら 2021 年 10 月現在，新規作成したプロジェクトにアバターを設定しても反映されず，円の中にプロジェクト名の先頭 2 文字が書かれた標準のアバターが表示される．なお，アバターの左下にはプロジェクトのオーナー (所有者) のアカウント名が表示されている．

　ページ上部の検索条件では，プロジェクトのステータス (inactive, piloting, running)，公開設定 (owned, public, private)，ソフトウェアを指定できるほか，表示順序を設定できる．ただ，2021 年 10 月現在の時点で，公開設定で private なプロジェクトのみを検索したり除外したりするのはうまく動作しないようである．private なプロジェクトでアクセスできるものは Dashboard の Experiments から確認できるので，困ることはないと思われるが注意してほしい．ソフトウェアの指定では，プロジェ

図 4.12　Pavlovia でプロジェクトを検索する.

図 **4.13** プロジェクトの実行とコードページの表示

クト内で実験を作成するために使われているソフトウェアを選択できる．Builder は
PsychoJS というライブラリを使って実験のコードを出力するので，Builder で作ら
れた実験をみつけるには PsychoJS だけをチェックして検索する．ただし，プログラ
ムを書ける人が Builder を使わずに直接書いた PsychoJS のプログラムも検索の対象
となってしまうので注意が必要である．すぐ後に述べる方法でプロジェクトのコード
ページを開いた際に，リポジトリに拡張子 .psyexp のファイルがなければ Builder を
使わずに書いている可能性がある．

　表示されているプロジェクトにマウスカーソルを重ねると，図 4.13 のように枠が強
調されて下に三角のマークと <> マークのボタンが表示される．三角マークが黒色の
場合，プロジェクトに含まれる実験を実行できるが，ステータスが piloting の場合は
図 4.13 右のような警告ダイアログが表示されて，それ以上実行することはできない．
三角マークが灰色の場合も実験は実行できない．<> をクリックすると，そのプロジェ
クトのコードページへ移動できる．手順の確認のために以下の操作を行ってみよう．

ここで行う作業

- Pavlovia のページをブラウザで開く．ログインしていない場合はログインする．
- Explore をクリックして，hsogo という語を検索する．これは筆者の Pavlovia ア
  カウントである．
- 検索結果から tutorial_blocked_stroop という名前のプロジェクトをみつけて，コー
  ドページへ移動する．もし tutorial_blocked_stroop が複数みつかった場合は，プ
  ロジェクトのアバターの左下に hsogo とアカウント名が表示されているものを選
  ぶこと．

　他ユーザーのプロジェクトのコードページは基本的に自分のプロジェクトのものと
同じだが，持ち主が許可していない限り変更を加えることはできない．基本的にはリ
ポジトリのファイルや更新履歴をみるだけと思っておくとよい．ページ上部 (図 4.14)
の Star と書かれたボタンをクリックすると，このプロジェクトに「スター」をつけ

図 4.14　プロジェクトにスターをつける．

ることができる．スターをつけたプロジェクトは 4.2 節で出てきたプロジェクト一覧の starred projects に表示されるようになる．スターをつけると Star と書かれていたボタンが Unstar となり，Unstar をクリックすればスターを解除できる．

さて，公開されているプロジェクトのコードページとにらめっこしていても，実際のところどうしたらいいのかわからないのではないかと思う．実験が実行できる状態でなければ実際にどのような実験なのかを想像するのは難しいし，Builder で作られた実験はやはり Builder の画面でみないと，どのように作られているのか理解しがたい．そこで紹介したいのがプロジェクトの複製をとる方法である．プロジェクトを自分のものとして複製してしまえば，Builder で開いてどのようにコンポーネントやルーチン，フローが組まれているのか確認することもできるし，自由に実行することもできる．ただし，複製したコードや刺激を自分の実験に組み込んだり再配布したりして

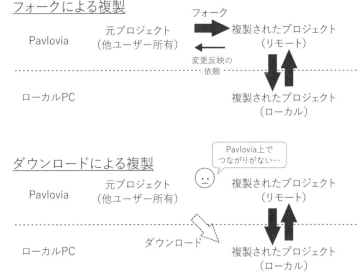

図 4.15　フォークとダウンロードの違い

よいかは，プロジェクトの LICENSE や readme に条件が書かれていないか確認することを忘れないでほしい．問い合わせ先が公開されていたら直接問い合わせるのもいいだろう．

　他人が公開してくれているプロジェクトを複製する方法は，大きく分けて 2 つある．1 つは Pavlovia 上でプロジェクトをフォーク (fork) する方法 (図 4.15 上)，もう 1 つはリポジトリをダウンロードする方法 (図 4.15 下) である．フォークというのは Pavlovia (GitLab) のサーバ上で元プロジェクトの複製を自分用に作ることで，自分の PC で作業するためには複製の複製を自分の PC に作ることになる．フォークの特徴は，サーバ上にある元プロジェクトと複製プロジェクト同士につながりがあり，複製側のプロジェクトで行われた変更を元プロジェクトに反映してもらうよう依頼できる点である．

　一方，リポジトリをダウンロードする方法では，元プロジェクトから直接自分の PC へダウンロードして複製を作成する．複製したプロジェクトを Pavlovia で実行したくなった場合は，3 章で行ったように Builder から同期するなどして Pavlovia にプロジェクトを作成する．フォークと異なり，ダウンロードによって複製したプロジェクトから作成した Pavlovia のプロジェクトと，元プロジェクトの間に，Pavlovia 上で特別なつながりがない．

　ほかにも Git に慣れている人はクローン (clone) という方法をご存じだと思うが，Builder には自分のものではないプロジェクトのクローンを行う機能が実装されていないので本書では省略する．

　さて，フォークとダウンロードはどのように使い分ければいいだろうか？ フォークは本来，ソフトウェア開発において開発チームのメンバー以外の人がプロジェクトに貢献するための機能だが，心理学実験ではあまりこのような使い方をすることはないだろう．例えば論文として発表した実験が適切に行われた証拠として公開するのが目的なら，公開後に他人から提案を受けて実験を変更するなどといったことはありえない．どのような実験を行ったかを示すデモとして公開する場合も，公開後に実験を変更することはあまりないだろう．あるとすれば，特定の論文や研究発表のためのデモではなく，一般的な現象を紹介するためのデモを公開する場合や，大学の授業などで利用してもらうために実習用の実験を公開する場合などが考えられそうだ．

　「フォークを行うと Pavlovia 上でプロジェクト間でつながる」という特徴を考慮すると，英語話者向けに作られている実験の日本語版を作成したとか，実験の手続きや刺激を一部変更して実施したような場合に，もとになった実験が Pavlovia で公開されていたならそこからフォークする形にすると関連がわかりやすくなるだろう．論文を執筆する際に先行研究の論文を引用するようなイメージである．フォークで複製したプロジェクトを公開すると元プロジェクトのコードページからリンクで辿れるよう

になるので，元プロジェクトの作者に「あなたの実験をもとにしてこんな実験をしましたよ」と知ってもらえるかもしれない．

逆にダウンロードでは元プロジェクトとのつながりが Pavlovia 上でみえないので，PsychoPy の勉強のために参考にしたい場合などはダウンロードのほうがすっきりしてよいだろう．とりあえずダウンロードして試行錯誤してみた後で，これを使ってオンライン実験を行いたいと思ったものだけ Pavlovia にプロジェクトを作るといった運用ができるので，Pavlovia 上に無駄にプロジェクトを作らなくて済む．予備実験などを終えた段階で「この実験は終了後に元プロジェクトとのつながりを明示した形で公開したい」と思ったなら，そのときに改めてフォークを行えばよい．以上のようなことを考慮したうえで，フォークとダウンロードのどちらを使うか選択してほしい．

4.4.2　プロジェクトのフォーク

ずいぶん前置きが長くなってしまったが，そろそろ具体的な操作方法の解説に移ろう．フォークはプロジェクトのコードページから行う方法と，Builder から行う方法がある．すでに Git のユーザーで Git を使ったフォークの手順を知っている人は，Git で作業してもらって構わない．まずコードページから行う方法を解説する．

先ほどの作業を行っていれば，tutorial_blocked_stroop プロジェクトのコードページをブラウザで開いた状態になっているはずである．レフトサイドバーから Project の Details を選択すると，図 4.16 上に示すような Fork と書かれたボタンがある．Fork ボタンが表示されていない場合はおそらく GitLab にログインしていない状態になっていて，ページの右上の隅に Sign in / Register というボタンが表示されているはず

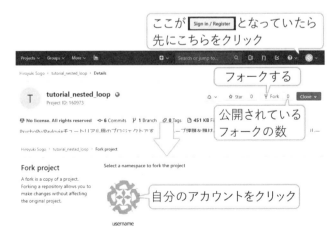

図 **4.16**　プロジェクトのコードページからフォークする．

なので，そこをクリックして Pavlovia のユーザーアカウントとパスワードを入力する
と Fork ボタンが表示される．Fork ボタンをクリックすると図 4.16 下に示すような
画面になり，フォークによる複製を作成する場所 (namespace) をクリックして選択
するとフォークが行われる．通常，フォークの作成場所は自分の Pavlovia アカウン
ト名のものだけしか表示されないので，ここで迷うことはないだろう．しばらく待つ
とフォークが終了し，フォークされたプロジェクトのコードページが表示される．こ
れはもとのプロジェクトとは独立した自分のプロジェクトなので，自由に変更を加え
ていくことができる．なお，Fork ボタンの隣に書かれている数字は現在表示中のプロ
ジェクトからフォークされたプロジェクトのうち，公開されているものの個数を示し
ている．この数字をクリックすると，公開されているフォークプロジェクトの一覧を
みることができる．

ここで行う作業
- tutorial_blocked_stroop プロジェクトのコードページからフォークを行う．

　フォークされたプロジェクトを Builder で開くには，Pavlovia 上のプロジェクトを
PC へ複製する作業が必要である．この作業はクローンと呼ばれる．クローンは PC
上から Git のツールを使って行うのが一般的だが，本書では Builder を使う方法を紹
介する．
　まず，あらかじめクローンされたプロジェクトが保存されるフォルダを作成する．
フォルダの作成場所には 1 つ制限があって，既存のプロジェクトのフォルダ内に作成し

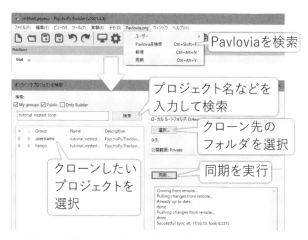

図 **4.17**　自分のリモートプロジェクトを PC にクローンする．

てはいけない．ここまで解説通りに作業していれば Stroop_test というフォルダにプ
ロジェクトを作成してきたはずだが，この Stroop_test フォルダ内に新たなプロジェ
クトを作ってはいけないということである．

　フォルダを作ったら Builder を開き，メニューの「Pavlovia.org」から「Pavlovia
を検索」を選択すると，図 4.17 のようなダイアログが表示される．少し待つとダイア
ログ左側のボックスに自分のアカウントからアクセス可能なプロジェクトが表示され
るので，その中から目的のプロジェクトを探す．他人が公開しているプロジェクトも
すべて表示されるので，すぐ上の欄に探しているプロジェクト名を入力して「検索」
ボタンをクリックして絞り込むとよいだろう．同じ名前のプロジェクトがいくつも表
示されてどれが自分のものかわからない場合，上にある Public のチェックを外して
My groups のチェックはつけたままにしておくと，自分のプロジェクトだけを表示さ
せることができる．

　クローンしたいプロジェクトがみつかったらそれをクリックして，続いて PC 上で
プロジェクトを保存する場所を指定する．ダイアログ右側の「ローカル ルートフォル
ダ」をクリックするとフォルダを選択するダイアログが表示されるので，先ほど作成
したプロジェクト保存先のフォルダを選択して OK する．これで準備ができたので，
あとは「同期」ボタンをクリックして作業が終わるのを待つ．図 4.17 に示すようにダ
イアログの右下に "done. Successful sync at:..." と終了日時が表示されればクロー
ンは完了である．ダイアログを閉じて Builder の「ファイル」から「開く...」を選択
し，クローンされたプロジェクトの保存先フォルダ内にある拡張子 .psyexp のファイ
ルを開けば実験の内容を確認したり，実行してみたりできる．

　なお，図 4.17 のダイアログで自分以外のユーザーが公開しているプロジェクトを選
択すると，ダイアログ右側中央の「同期」ボタンが「Fork して同期」に変化する．ク
ローン先のフォルダを指定した後「Fork して同期」をクリックすると，フォークから
プロジェクトのクローンまでを一気に行うこともできる．

　ここで行う作業
- 自分の PC にプロジェクト保存用のフォルダを作成する．既存のプロジェクトの
  フォルダ内に作成してはいけないことに注意すること．
- Builder を開き，「Pavlovia.org」から「Pavlovia を検索」を選択する．表示され
  たダイアログで先ほどフォークした tutorial_blocked_stroop プロジェクトを選択
  し，「ローカル ルートフォルダ」にプロジェクト保存用フォルダを指定する．選択
  したプロジェクトや保存先フォルダに間違いがないことを確認して「同期」をク
  リックする．
- クローンが終了したらダイアログを閉じ，Builder の「ファイル」から「開く...」

を選択し，クローンしたプロジェクトの実験を開くことができるのを確認する．こ
のプロジェクトは次章の解説で使用するので，次章を読み終わるまでは残しておく
こと．

4.4.3　プロジェクトのダウンロード

プロジェクトのダウンロードも，もとになるプロジェクトのコードページから行う．
コードページにアクセスし，レフトサイドバーから Project の Detail を選択するか，
Repository の Files を選択すると，リポジトリのファイル一覧の右上にクラウドの図
柄のボタンがある (図 4.18)．これをクリックすると，プロジェクト内のファイルを
どのファイル形式でダウンロードするかを選択するメニューが表示される．どれを選
んでもよいが，おそらく ZIP 形式ならほとんどの PC で展開できるので，迷ったら
Download zip を選ぶとよいだろう．ファイル形式を選択すると，あとは通常通りダ
ウンロードが始まる．

ダウンロードした ZIP ファイルにはプロジェクトのフォルダがそっくりそのまま含
まれているので，展開すれば即座に Builder で開くことができる．最近の Windows
では ZIP ファイルを展開せずに中身をみられるようになったせいか，展開しないまま
中身のファイルを開こうとして「開けない！」となるトラブルを時々目にするので注
意すること．フォークでは元プロジェクトから変更履歴を引き継ぐが，ダウンロード
した場合は変更履歴等の情報は含まれていない．Pavlovia 上に対応するプロジェクト
がないので，ダウンロードしたプロジェクトを改造してオンライン実験をしたい場合
は，3.3 節の手順で Pavlovia にプロジェクトを作成する必要がある．それでは手順の
確認として以下の作業を行おう．

図 4.18　プロジェクトのコードページからダウンロードする．

ここで行う作業

- Pavlovia のページをブラウザで開く．ログインしていない場合はログインする．

- Explore をクリックして hsogo という語を検索し，検索結果から tutorial
  _tilt_illusion というプロジェクトをみつけてコードページへ移動する．同名のプロ
  ジェクトが複数みつかった場合は，プロジェクトのアバターの左下に hsogo とア
  カウント名が表示されているものを選ぶこと．
- tutorial_tilt_illusion プロジェクトのファイルを自分の PC へダウンロードし，展
  開して Builder で開けることを確認する．このプロジェクトは次章で使用するの
  で，次章を読み終わるまでは残しておくこと．

　プロジェクトを複製する手順は以上である．次章では Pavlovia 上で公開している
プロジェクトを使用してさまざまな実験を作成するためのテクニックを解説するので，
複製の手順をよく覚えておいてほしい．

 ### 4.5　プロジェクトを共同で管理する

　Pavlovia のプロジェクトを private にすると自分自身しかアクセスすることができ
ず，public に設定すると誰もがアクセスできるようになる．しかし，実際の研究場面
では「研究室のメンバーには自由にアクセスしてほしいが，それ以外からはアクセス
できないようにしたい」という具合に private と public の中間のような状態にしたく
なることがよくある．そこで便利なのがメンバーとグループである．自分のプロジェ
クトにほかのユーザーをメンバーとして招待し，プロジェクトに対する権限を付与す

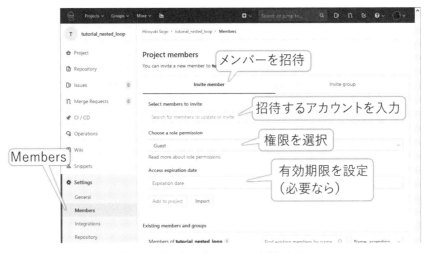

図 4.19　プロジェクトにメンバーを追加する．

ることができる．招待されたメンバーに対して，プロジェクトの所有者をオーナーと呼ぶ．

プロジェクトにメンバーを招待するには，プロジェクトのコードページを開いて Settings の Members をクリックする．すると図 4.19 のようなページが開く．招待はアカウント単位 (Invite member) とグループ単位 (Invite group) があり，上のタブで切り替えることができる．Invite member では，Select members to invite という欄にプロジェクトへ招待したいユーザーの Pavlovia アカウントを入力する．Choose a role permission では，招待されたユーザーがこのプロジェクトに対してどのような権限をもつかを選択する．権限が最も弱いのが Guest で，Reporter, Developer の順に強くなり，Maintainer が最も強い権限をもつ．それぞれの権限で何ができるかはすぐ下にある "Read more about role permissions" というリンクの先に書いてあるが，一般的なソフトウェア開発プロジェクト向けの説明であり，Pavlovia の運用上どういう意味をもつのかわかりにくい．共同管理者に何を求めるかは状況によるだろうが，ここでは以下の作業を考えよう．

1) ステータスを piloting にして実験の動作確認を行う．
2) 実験データを閲覧 (ダウンロード) する．
3) プロジェクトのファイル (プログラムや条件ファイル，刺激ファイルなど) を閲覧する．
4) 実験にクレジットを割り当ててもらう (自分のクレジットではなく共同管理者のクレジットで実験を行う)．
5) プロジェクトのファイルを修正する．

これらのうち，Guest の権限でも可能なのは「1) 実験の動作確認」と「2) データ閲覧」である．「3) プロジェクトのファイル閲覧」はプロジェクトが Public に設定されていれば Guest でも可能だが，Private に設定されている場合は Reporter 以上の権限が必要である．「4) クレジットの割り当て」はプロジェクトが Public, Private のどちらであっても Reporter 以上の権限が求められる．以上より，共同管理者に動作確認と実験データの閲覧しか求めないのであれば，Guest として招待するのがいいだろう．機関ライセンスを購入する規模でない研究室などにおいて，代表者が購入したクレジットを研究室メンバーの実験に割り当てて実験を行う場合は，代表者のアカウントを Reporter 以上の権限で招待すればよい．

なお，「5) プロジェクトのファイル修正」に必要な権限はリポジトリの設定によって異なるが，PsychoPy から作成したプロジェクトにおいては初期状態で Maintainer の権限が必要である．実験の動作確認において共同管理者が問題点をみつけたときに，共同管理者に修正の権限があれば作業が早く済むという利点があるが，ほぼ同時に自分も問題に気づいて修正を行ってしまうと，修正内容が一致しなくなるトラブル (conflict)

が起こる危険がある．面倒でも共同管理者からプロジェクトのオーナーに連絡して，オーナーが修正作業を行うのが安全だろう．以上を承知のうえで共同管理者に修正の権限を与える場合は，現時点（バージョン 2021.2.3）では Builder から自分がオーナーではないプロジェクトの修正や conflict の解消が行えないため，Git を直接使う必要があることに留意してほしい．

　誰かのプロジェクトに自分が共同管理者として招待された場合，そのプロジェクトに対しては，権限がない作業を除いて基本的に自分のプロジェクトと同様に Pavlovia 上での操作ができる．Pavlovia にログインして Dashboard の Experiments を確認すると，図 4.20 のように招待されたプロジェクトが表示される．自分がオーナーであるプロジェクトと招待されたプロジェクトを区別するには，招待されたプロジェクトには削除用のチェックボックスは表示されない点や，Namespace の列に表示されているプロジェクトの管理者のアカウントなどに注目するとよい．

　自分のプロジェクトからメンバーを削除する場合は，Members のページの下のほうにある "Existing members and groups" へ移動して，削除したいユーザーのところに表示されているごみ箱のボタンをクリックする (図 4.21)．また，削除ボタンの左側のプルダウンメニューから権限を変更することも可能である．プロジェクトのオーナーはメンバーから削除することはできないので削除ボタンは表示されないし，権限も Maintainer から変更することができない．研究室のメンバーが異動するなど，ほかのメンバーに管理を引き継ぐ場合は，新しく管理者になる人がプロジェクトをフォークするなどして引き継ぐとよいだろう．招待されたプロジェクトから抜けたい場合は，

図 **4.20**　招待されたプロジェクトが Dashboard の Experiments に表示される．

図 **4.21**　招待したメンバーを削除する．

図 4.22 グループの作成

Members のページの下のほうにある "Existing members and groups" へ移動して，自分のアカウントの右に表示されている Leave というボタンをクリックする．

　なお，図 4.19 に Invite group というタブがあったように，ユーザーアカウントをまとめたグループを作成して，グループ単位でまとめてプロジェクトにメンバーを追加したり，権限を変更したりできる (図 4.22)．コードページのトップメニューの Groups をクリックし，Your groups を選択するとグループの一覧が表示される．ただし，最初はグループがひとつもないので一覧は空である．新しいグループを作成するには，一覧の右上の New group をクリックし，グループ名とグループの公開範囲を設定する．作成したグループのページへ移動するとレフトサイドバーに Members という項目が表示され，そこからグループに所属するメンバーのアカウントや権限を設定することができる．こうして作成したグループは，図 4.19 の Invite groups からプロジェクトへ追加することができる．

　研究室で互いのプロジェクトにメンバーとして参加することが多いならグループとして招待できるのは便利だが，残念なことにグループとして招待されたプロジェクトは Pavlovia の Dashboard の Experiments に表示されない．したがって，プロジェクトのページへ移動してステータス変更，実験の動作確認，クレジットの割り当て，実験データのダウンロードといった作業を行うことはできない．Gitlab のプロジェクト一覧には表示されるので，そちらからプロジェクトのコードページに移動してプロジェクトのファイルにアクセスすることは可能である (権限が適切に設定されていることが必要)．それで十分であれば，グループでの招待の利用を検討するといいだろう．

　最後に，もう 1 つの選択肢として，アカウント間でのクレジットの付け替えという方法があることに触れておこう．Dashboard の Credits では，個別のプロジェクトのページへ移動することなくクレジットを管理することができる．ここに Transfer credits to designer というボタンがあり，これをクリックするとほかのアカウントへクレジットを付け替えることができる．ただし，2022 年 1 月現在，付け替えができる

のは同じ研究機関のメールアドレスで登録しているアカウント間のみである．Gmail
のような特定の機関に属さないメールアドレスで登録している場合はこの機能を利用
できない．クレジットをもっているアカウントを Reporter 以上の権限で招待するほ
うが柔軟に運用できると思われるが，こちらのほうが都合がよい状況もあるかもしれ
ない．各自の状況に合わせて選んでほしい．

より高度な実験を作成しよう

 5.1 チュートリアル1：ブロック化された Stroop 課題

5.1.1 ルーチンの複数回使用で練習試行を作成する

本章では，Pavlovia 上に公開している4つのプロジェクトを題材として，より高度な実験を作成するためのテクニックを紹介する．チュートリアル1では，4.4.2 項でフォークした tutorial_blocked_stroop を題材として，練習試行の追加，反応へのフィードバック，ブロック化などについて解説する．実験課題そのものは2章と同じStroop 課題だが，以下のようにしたい．

1) 単語として「あか」「みどり」ではなく red, green を用いる条件 (英語条件) を設ける．これに伴って「あか」「みどり」を用いる条件を「日本語条件」と呼ぶことにする．

2) 練習試行を設ける．練習試行では英語条件，日本語条件を分けずに無作為な順序で実施する．

3) 練習試行では反応のたびに反応が正しかったか否かを参加者にフィードバックする．

4) 本試行では試行を2つのブロックに分割し，一方のブロックは日本語条件の試行のみ，他方のブロックでは英語条件のみを実施する．各ブロックの最初にはこれからどちらの条件が実施されるのかを教示画面で参加者に示す．

フォークした直後の tutorial_blocked_stroop は未完成の状態で，これから解説しながら読者の皆さんと一緒に完成させたい．図 5.1 にフォークした直後の tutorial_blocked_stroop のフローを示す．上記の変更点のうち，練習試行を設けることと，練習試行では英語条件，日本語条件を分けずに無作為な順序で実施する点はすでに完成している．

注目してほしいのは，このフローの中に trial という名前のルーチンが2回配置されている点である．1回目はフローの最初のほう (つまり図では左のほう) にある practices というループの中，2回目は最後のほうにある trials というループの中である．2.7 節で述べた通りフローの中には同一のルーチンを複数回挿入することが可能であり，こ

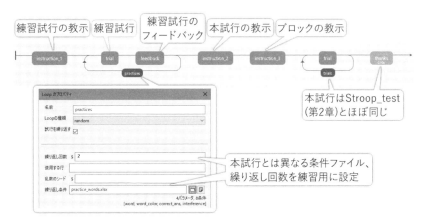

図 5.1 　作業開始前の tutorial_blocked_stroop のフロー

のように練習試行を設けるときなどに便利である．図 5.1 下に practices ループのプロパティダイアログを示しているが，practices ループでは trials ループとは異なる条件ファイルを指定している．これによって，練習試行では日本語と英語の単語を混在させるが本試行では別ブロックにするということが可能になる．記憶課題などでは本試行で使用する刺激を練習試行で使用できないことがあるが，この練習試行と本試行で別の条件ファイルを用意するというテクニックを使えば簡単に対応できる．

ここまでの作業

- 4.4.2 項でフォークした tutorial_blocked_stroop を Builder で開く．もしまだ自分の PC に tutorial_blocked_stroop を同期していないなら 4.4.2 項を参考に自分の PC へ同期するか，4.4.3 項の方法でプロジェクトをダウンロードすること．
- フローに trial ルーチンが 2 回登場するのを確認する．practices ループと trials ループで異なる条件ファイル (それぞれ practice_words.xlsx と japanese_words.xlsx) を指定していることを確認する．

5.1.2 　多重ループでブロック化する

続いて本試行を日本語条件，英語条件の 2 つのブロックに分割する方法を考えよう．使用する単語は条件ファイルによって決まるのだから，日本語条件用と英語条件用の 2 種類の条件ファイルを用意するとうまくいきそうだと想像がつくだろう．tutorial_blocked_stroop プロジェクトでは日本語条件用に japanese_words.xlsx，英語条件用に english_words.xlsx というファイルを用意した．問題は，これらの条件ファイルをどのように実験のフローに組み込むかである．

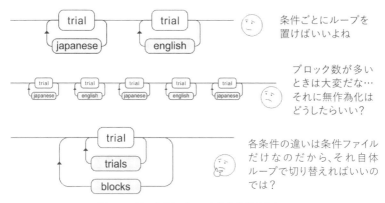

図 5.2　どのようにブロック化を実現するか？

　一番簡単な方法は，練習試行を用意したときと同様に「日本語条件用のループ」と「英語条件用のループ」を用意することだ (図 5.2)．しかし，この方法では条件数が多いときにフローが長くなってわかりにくくなるし，何よりブロックの順序が固定されてしまって参加者間で変化させることができない．ブロックの順序が異なる実験を複数個作って参加者を割り振るという解決策もあるが，実験を修正しなければならなくなったときにブロック順序違いの実験を 1 つずつ修正しないといけないし，Pavloviaでオンライン実験をする場合 1 つの実験に 1 つのプロジェクトが必要なので，実験結果ファイルがそれぞれのプロジェクトに分散してしまい管理が面倒である．なんとかうまく解決できないだろうかと改めて考えてみると，日本語条件と英語条件の違いは条件ファイルの違いだけである．ということは，2 章で単語やその色を条件ファイルで切り替えながら繰り返したように，「ループでどの条件ファイルを使うか」を切り替えるループを組むことができればうまくいくはずだ．

　以上を踏まえて，本書を読みながら作業してほしい．まず，tutorial_blocked_stroopの中に blocks.xlsx というファイルがある．このファイルを開いて中身が図 5.3 左上のようになっていることを確認しよう．condition_file には切り替えて使用したい条件ファイルの名前，condition_label は条件を表す文字列が入力されている．確認したら Builder へ移動して tutorial_blocked_stroop を開き，図 5.3 右上のように trialsループと instruction_3 を囲むようにループを挿入しよう．このループのプロパティは図 5.3 左下のように [名前] に blocks，[繰り返し回数] に 2，そして [繰り返し条件] に blocks.xlsx を設定する．そして次が重要なポイント，blocks.xlsx から読み込んだ条件ファイルを使うように trials ループのプロパティを変更しなければならない．とはいっても特別なことは何もなく，図 5.3 右下のように trials ループのプロパティの [繰り返し条件] を $condition_file に変更するだけである．唯一注意すべきは，

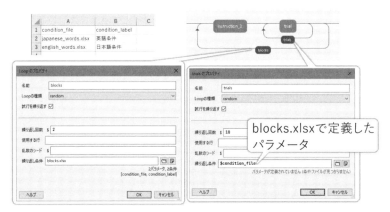

図 5.3   多重ループによるブロック化

2 章で文字の [前景色] を変更したときと同様に，`condition_file` がファイル名ではなくパラメータを表していることを示すために `$` を先頭につける点だけである．

　ここまで作業できたら，いったん実験を保存して実行してみよう．この段階ではオンラインで動作確認する必要はないので，Python で実行すると手軽である．練習試行を繰り返すのが面倒な場合は practices ループの [繰り返し回数] を 0 にすれば練習試行をまるごとスキップできる．また，trials ループの [繰り返し回数] も 1 にすれば時間の短縮になる．日本語条件と英語条件が無作為な順序で実行されること，各条件の前に教示画面が入ることを確認してほしい．

ここまでの作業

- instruction_3 と trials ループを囲むように新たなループを挿入し，図 5.3 左下のようにプロパティを設定する．
- trials ループのプロパティの [繰り返し条件] を `$condition_file` に変更する．
- 実験を Python で実行して日本語条件，英語条件が無作為な順序で実行されることを確認する．動作確認の際は一時的に practices ループの [繰り返し回数] を 0，trials ループの [繰り返し回数] を 1 にすれば時間を短縮できる．確認後はもとに戻しておくのを忘れないこと．

　さて，この blocks ループの活用方法についてもう少し考えよう．blocks.xlsx では「ブロック毎に変化するが，ブロック内では変化しない」パラメータを実現できる．ということは，条件ファイルの切り替え以外にもいろいろな使い方ができるということである．ここでは blocks.xlsx で定義している `condition_label` を使ってこれから実行するブロックを教示画面に表示してみよう．以下の通り作業してほしい．

ここで行う作業

- instruction_3 ルーチンに Text コンポーネントを 1 つ配置し，以下のように設定する．
  - 「基本」タブの [名前] を text_condition_label にし，[終了] を空欄にする．[] に $condition_label と入力し，「繰り返し毎に更新」に設定する．
  - 「レイアウト」タブの位置 [x,y] を (0, 0.2) にし，「書式」タブの [文字の高さ] を 0.04 にする．
- 実験を保存して Python で実行し，本試行の教示画面にこれから実行するブロックが表示されることを確認する．

ここまでの作業が理解できていれば，難しいことは特にないだろう．以上，ループの多重化による試行のブロック化のテクニックを紹介した．trials ループと blocks ループそれぞれに [Loop の種類] を指定できるので，sequential と random (fullrandom) をうまく組み合わせればさまざまなパターンに対応できる．難しいのは「日本語条件から始める参加者と英語条件から始める参加者の人数を等しくしたい」といった場合で，これはループの多重化だけでは対応できない．ひとつの解決策として，実験情報ダイアログに condition という項目を追加してそこに条件ファイル名を入力するという方法が考えられる．2.10 節でも少し触れたように，実験情報ダイアログの condition という項目は expInfo['condition'] と書けば参照できるので，これを blocks ループの [繰り返し条件] に入力すればよい．そして 3.5 節で紹介した方法で実験参加用 URL に条件ファイル名を埋め込んで，参加者には埋め込み済みの URL を伝えるとよいだろう．

5.1.3　練習試行で反応にフィードバックする

この実験ではオンラインで実行することを想定して，練習試行の終了後に参加者へ「課題がよくわからなかった場合や，実験を中断したい場合は ESC キーを押して実験を中断してください．」と呼びかけている (instruction_2 ルーチン)．しかし，自分が押したキーが正しかったのかどうかを参加者が判断できなければ，課題をきちんと理解できているか参加者が自分で判断するのは困難である．1 試行毎に今の反応が正しかったのかどうかを画面に「正解」「不正解」と表示してフィードバックすれば参加者の助けになることは間違いないが，このような「実際に実行するまでどちらを表示すればよいかわからない」という処理を Builder のフローで表現することはできない．そこで登場するのが Code コンポーネントである．1.1 節で述べた通り，Builder は実験を Python や JavaScript のコードに変換することによって実行できるようにし

図 5.4　Code コンポーネント

ているわけだが，Code コンポーネントは実験の中に直接 Python や JavaScript の
コードを埋め込むという働きをする．このコンポーネントはプログラミング技術さえ
あればアイディア次第でさまざまな使い方ができるが，本書ではプログラミングの技
術的な意味で初歩的かつ汎用性が高いコードを紹介する．

　図 5.4 に Code コンポーネントのアイコンとプロパティダイアログを示す．ほか
のコンポーネントと働きが大きく異なるため，プロパティダイアログの見た目も独特
である．ダイアログの中央に大きな入力欄があり，左側は Python のコード，右側は
JavaScript のコード (オンラインで実行するときのコード) を入力する．その上に「実
験初期化中」「実験開始時」…と並んでいるタブは，コードを実行するタイミングを表
している．タブを切り替えるとその下のコード入力欄も切り替わり，それぞれのタイ
ミングで異なるコードを入力できる仕組みである．

　[名前] の右側にある [コードタイプ] はコードの入力欄の設定を切り替えるメニュー
であり，標準では Auto->JS が選択されている．Auto->JS では左右の入力欄のう
ち入力できるのは左側のみであり，右側には Builder によって自動的に「翻訳」され
た JavaScript コードが入力される．簡単なコードなら任せきりにできるので，すでに
Python を知っている人には便利な設定である．ほかには Py，JS，Both の選択肢が
あり，Py は Python でしか実験しない人，JS はオンラインでしか実験しない人向け
に一方の入力欄だけを表示する．Both は Auto->JS ではうまく翻訳できないときの
ための直接 JavaScript のコードを記入できるようにする設定である．読者にはコー
ドを書くのが初めての人，PsychoPy で Python のコードを書いてきた人が多いと思
われるので，本書では主に Auto->JS を使用する．

　以下の作業も本書を読みながら進めてもらったほうがいいだろう．Builder で tuto-
rial_blocked_stroop の feedback ルーチンを開いてみると，まだ何もコンポーネント
が置かれていない空っぽな状態であるはずだ．このルーチンへ Code コンポーネント
を配置し，コード実行タイミングのタブを「Routine 開始時」に切り替えて，Python

のコード入力欄にコード5.1を入力する．「正解」「不正解」以外のすべての文字は半
角英数なので，日本語入力を OFF にして入力するとよい．アルファベットの大文字
と小文字，== や '，：などの記号や2行目と4行目の行頭の空白もすべて意味がある
のでこの通りに入力すること．2行目，4行目の行頭の空白は半角スペース4字だが，
直前の行の最後の：を入力していれば Code コンポーネントが自動的に補ってくれる．
半角スペースが入力されているところには薄い色で・が表示されるので，注意深くみ
れば正しく入力できているか確認できる．

コード **5.1**　フィードバックのためのコード (「Routine 開始時」に入力)

```
1  if key_resp_trial.corr == 1:
2      feedback_message = '正解'
3  else:
4      feedback_message = '不正解'
```

ここから一気に難易度が高くなるが，このコード5.1の意味を解説しておきたい．
一度読んだだけで理解できなくても構わないので，難しいと思っても一度は目を通し
てほしい．Python では，書かれた内容を解釈すると値 (通常の数値のほかに，文字列
やリストなども含めて「値」という) が得られるものを「式」と呼ぶ．具体的には 2+3
といった計算や，2+3 > 8 といった「正しい (真) か誤っている (偽) か」が定まるも
のなどが式である．+ や > のような記号を演算子と呼ぶ．'正解' や '不正解' の前後
についている ' は文字列を表す (Python，JavaScript ともに " で囲んでも文字列を
表すことができる)．'不'+'正解' のように文字列同士に + 演算をすることが可能で，
これを解釈すると '不正解' という結合された文字列が得られるが，文字列も「値」に
含むのだからこれも式である．式のほかにもう1つ重要な要素が「文」である．文は
コンピュータに行わせる処理を表したもので，例えば a = 2+3 は「2+3 を計算した
結果を a に代入する」という文である．文にはいろいろな種類があり，この a = 2+3
は代入を行うので代入文と呼ばれる．よく間違えるので注意してほしいのは，Python
では = は「右辺の値を左辺の変数に代入する」という代入文を作る演算子であり，「右
辺と左辺が等しい」ということを表すときには == のように = を2つ空白を入れずに
並べて書くという点である．

　式，文という用語を覚えてもらったところでいよいよコード5.1の解説に移る．こ
れは「if 文」と呼ばれる文で，if と：の間にある式の真偽に応じて異なる処理を行う
(図 5.5)．ここでは key_resp_trial.corr == 1 がその式である．すでに述べたよう
に == は「両辺の値が等しい」という意味なので，key_resp_trial.corr が1と等し
いという意味である．この式が真であれば if 式：に続く文を，偽であれば else：に
続く文を実行する．正確な表現ではないのだが，「続く文」とはコード5.1の2行目
や4行目のように「後続の字下げされた行を実行する」と理解しておけばほぼ問題な
い．字下げされた行が2行以上続く場合は，それらの行に書かれた文をまとめて実行

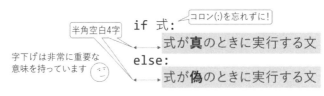

図 5.5　基本的な if 文

する．以上が if 文の基本的な動作である．

　問題は「key_resp_trial.corr が 1 と等しい」とはどういう意味かということだ
が，key_resp_trial というのは feedback ルーチンの直前に置かれている trial ルー
チンに配置された Keyboard コンポーネントの [名前] である (2.7 節で「[名前] は
ひとつの実験の中では唯一無二でなければならない」と述べたのは，このようにほかの
ルーチンから参照できるようにするためである)．.corr は Keyboard コンポーネン
トが保持している「反応が正しかったか否か」を表す値を取り出す表記で，これは 2.6
節で実験結果ファイルに出力した key_resp.corr と同じものである．つまり，正答な
ら 1，誤答なら 0 という値が得られる．以上を総合すると，「key_resp_trial.corr
が 1 と等しい」とは「trial ルーチンでの反応が正答だった」という意味になるのであ
る．これが真であれば 2 行目の feedback_message = ’正解’ を実行するのだから，
feedback_message に ’正解’ が代入される．同様に，偽であれば 4 行目が実行され
て feedback_message に ’不正解’ が代入されるというわけである．

　プログラミング初心者の方には難しかったと思うが，以上でコード 5.1 の動作が
はっきりした．このコードを実行すると，trial ルーチンでの反応の正誤に応じて
feedback_message にフィードバック用のメッセージが格納されるのだから，あと
はこれを Text コンポーネントで表示すればよい．以下の通り作業してほしい．

ここで行う作業

- まだ Code コンポーネントの作業をしていない場合は feedback ルーチンに Code
  コンポーネントを配置し，「Routine 開始時」タブにコード 5.1 を入力する．
- feedback ルーチンに Text コンポーネントを配置し，以下のように設定する．
  - 「基本」タブの [名前] を text_feedback にし，[文字列] に $feedback_message
    と入力し，「繰り返し毎に更新」に設定する．
  - 「書式」タブの [文字の高さ] を 0.05 にする．
- 実験を保存して Python で実行し，練習試行で反応毎に「正解」「不正解」とフィー
  ドバックが表示されることを確認する．「HTML 形式でエクスポート」してローカ
  ルデバッグを実行し，JavaScript でも同じ動作をすることを確認する．

以上で tutorial_blocked_stroop は完成だが，最後にひとつ注意しておきたい点がある．作業に慣れてきたときによくある間違いで，「メッセージを表示するのだからまず Text コンポーネントを配置して…よし，じゃあ Code コンポーネントを配置して…」という順番に作業をすると，feedback ルーチン上で Text コンポーネントが一番上，その下に Code コンポーネントという順番になってしまう．ここで 2.9 節の解説を思い出してほしいのだが，Builder はルーチン上の表示で上から順番にコンポーネントを処理していく．ということは，Text コンポーネントが Code コンポーネントより上にあると，$feedback_message が設定される前に Text コンポーネントの処理が行われてしまうことになり，正しくメッセージが表示されなくなってしまう．

> **必要に応じて行う作業**
> - Text コンポーネントより先に Code コンポーネントが実行されるように，ルーチン上のコンポーネントの順序を並び替える．

5.2 チュートリアル 2：傾きの対比

5.2.1 オンライン実験に対応しないコンポーネント

チュートリアル 2 では，前章でダウンロードした tutorial_tilt_illusion を題材として，傾きの対比の実験を作成する．図 5.6 のように縞模様が描かれた大小 2 つの円のうち，小円の縞が画面に対して垂直になるように小円の角度を調整するという課題である．小円の背後にある大円の縞模様が判断に及ぼす影響を測定するのが目的である．以後，本節では小円をターゲット，大円をコンテクストと呼ぶ．

Builder には，この縞模様の刺激を描くのにぴったりなコンポーネントである Grating コンポーネントというものが用意されている．なのでさっそく Grating コンポーネントの紹介を…と言いたいところなのだが，Builder のオンライン実験出力機能は Builder に比較的最近加わった機能であり，まだ基本的なコンポーネントしかオンラ

<< >> で調整して OK で決定

小円＝±1度, ±3度, ±5度(初期値)
大円＝±20度

図 5.6 チュートリアル 2 の課題

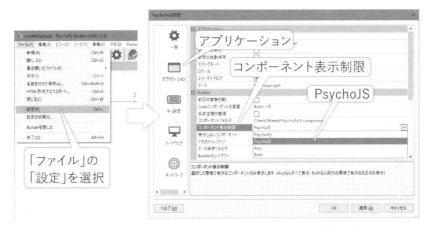

図 5.7　オンライン実験に対応するコンポーネントのみを表示するように設定する.

イン実験には対応していない.　バージョン 2021.2.3 の時点で,　Grating コンポーネントも未対応なのである.　そこで,　オンライン実験を考えるなら対応済みのコンポーネントの範囲でやりくりするしかない.　これは Builder のさまざまなコンポーネントを使いこなしている人ほど戸惑う点であろう.

　オンライン実験に対応しているコンポーネントを判別する方法として,　Builder のメニューの「ファイル」から「設定」を選んで「PsychoPy の設定」ダイアログを表示し,「アプリケーション」カテゴリの「コンポーネント表示制限」を PsychoJS (または Both) にするというものがある (図 5.7).　この設定をした後にいったん Builder を閉じて再び開くと,　Builder のコンポーネントペインには,　オンライン実験に対応しているコンポーネントだけしか表示されなくなる.　オンライン実験しか実行しないのなら常にこの設定にしておけばよいが,　Python での実験と平行して開発するなら悩ましい.　面倒くさがらずにその都度切り替えるのが確実だが,　慣れてくるとオンライン実験に対応しているコンポーネントを覚えてしまうだろうから,　すべてのコンポーネントを表示する Any のままで作業できるようになるだろう.

5.2.2　画像ファイルを刺激として使う

　tutorial_tilt_illusion では,　オンライン実験で使用できない Grating コンポーネントの代用として,　画像ファイルを画面に描画する Image コンポーネントを使用している (図 5.8).　Image コンポーネントは「レイアウト」や「外観」の多くが Polygon コンポーネントと共通しているので,　それらの点は特に解説の必要はないだろう.　Image コンポーネントに固有のプロパティは「基本」タブの [画像] で,　ここに画像ファイル名を指定する.　ループ挿入時の条件ファイルの指定と同様に,　あらかじめ実験を保

図 5.8 左：Image コンポーネントのアイコン．右：プロパティダイアログの「基本」タブ．

存していれば，入力欄の左端の小さなボタンをクリックするとファイル選択ダイアログを使ってファイル名を指定できる．さらにその左に更新の設定メニューがあるように，条件ファイルを使って繰り返し毎に画像を変更することもできる．

　注意すべき点として，[サイズ [w,h]] の扱いがあげられる．元画像の縦横比と [サイズ [w,h]] の縦横比が異なる場合は，[サイズ [w,h]] に一致するように伸縮される．また，ここを空白にすると元画像がそのままの解像度で表示される．空白にする設定は使いようによっては便利だが，どのような解像度のモニターで実行されるか予想できないオンライン実験で使用するのは危険である．画像を準備する段階で，同じ [サイズ [w,h]] で適切に表示できるように縦横比を整えておくことをお勧めする．

　画像ファイルの形式は，オンライン実験の場合は JPEG か PNG にすることが Psy-choPy の公式ドキュメントで推奨されている．tutorial_tilt_illusion では images フォルダにターゲット用 target.png，コンテクスト用の context.png の 2 枚の画像を用意して，これらの画像を重ね合わせることによって刺激を描画している．PNG 形式は透明度を指定できるので，この実験のように刺激の重ね合わせを行うときは JPEG 形式よりも適している．

5.2.3　マウス (タッチパネル) を反応測定に使う

　チュートリアルとしての tutorial_tilt_illusion の目的のひとつはマウスを使った反応測定の例を示すことである．PsychoPy ではタッチパネルへのタッチがマウスのクリックとして認識されるので，タッチパネルを使う実験を作成する場合も参考になるはずである．

　Builder で tutorial_tilt_illusion を開き，trial ルーチンに配置されている Mouse コンポーネントをクリックしてプロパティを表示してほしい (図 5.9)．Mouse コンポーネントは Keyboard コンポーネントと共通している部分が多く，それらの点は解説の必要はないだろう．Keyboard コンポーネントでは「基本」タブの [検出するキー] で使用するキーを指定できたが，Mouse コンポーネントはどのボタンが押されたか区別しない．どうしても区別する必要がある場合は Code コンポーネントの力を借りる必

図 **5.9** 左：配置済みの Mouse コンポーネント．右：プロパティダイアログの「基本」タブ．

要がある (6.4 節の表 6.8 の getPressed() を使用する)．逆に Keyboard コンポーネ
ントにはない機能として，Mouse コンポーネントでは [ボタン押しで Routine を終
了] でクリックしても終了しない「なし」，クリックすると無条件で終了する「全ての
クリック」，そして「有効なクリック」の 3 つから選択できるようになっている．「有
効なクリック」とは，基本タブの [クリック可能な視覚刺激] に名前が書かれている視
覚刺激にマウスカーソルが重なっている状態で行われたクリックのことで，これを利
用すると本実験で目指している「OK ボタンをクリックして終了」といったことが可
能になる．この「視覚刺激にマウスカーソルが重なっている」という条件は，Polygon
コンポーネントで多角形や十字型などを表示している場合は図形の見た目通りに適切
に判定される．一方，背景が透明な画像ファイルを使った場合は透明な部分も判定の
対象とされたり，Text コンポーネントで描いた文字は文字を囲む長方形の内部が判定
の対象とされたりするので注意してほしい．

tutorial_tilt_illusion では button_cw, button_ccw, button_ok という 3 つの Poly-
gon コンポーネントをクリック可能な刺激とすることによってボタンを実現している．
ボタンのラベルは label_cw, label_ccw, label_ok という 3 つの Text コンポーネ
ントを重ねることで描画している．写真を複数枚提示して選択させるような課題なら，
ボタンを用意しなくても写真の描画のために使用している Image コンポーネントを
[クリック可能な視覚刺激] に列挙すれば，写真を直接クリックして選択させるように
することもできる．

なお，Builder には Button コンポーネントというコンポーネントがあり，これを使
えば Polygon と Text コンポーネントを重ねたり Mouse コンポーネントの [クリッ
ク可能な視覚刺激] を指定したりしなくてもボタンを実現できるのだが，このコンポー
ネントは最近追加されたもので，ボタンの大きさやラベルの制御に問題がある．特に
Python で実行した場合とオンライン実験で実行した場合の見た目が大きく異なるこ

L	M	N	O	P	Q	
mouse.x	mouse.y	mouse.leftButton	mouse.midButton	mouse.rightButton	mouse.clicked_name	m
-0.3825	0.30333334	1	0	0	button_ccw	
0.3875	0.30083334	1	0	0	button_cw	0
0.3875	0.30083334	1	0	0	button_cw	0

図 5.10　Mouse コンポーネントの出力

とがあるため，本書では使用を避けた．本書の方法はやや面倒だが，納得がいくまで
ボタンの外見を調整できるし，実行環境で見た目が大きく異なることもない．

　さて，ここで Mouse コンポーネントの出力をみてもらうために，一度実験を実行し
てみよう．

ここで行う作業

- Builder で tutorial_tilt_illusion を開き，Python で実行する．課題画面で<<，
  >>，OK のいずれかのボタンをクリックすると次の試行へ進む (それ以外の場所
  をクリックしても進まない) ことを確認する．
- 数試行実行したら ESC キーを押して実験を中断し，実験データファイルを開く．

　図 5.10 に出力例を示す．mouse.x，mouse.y はクリックされたときのマウスカーソ
ルの座標，mouse.leftButton から mouse.rightButton は各ボタンの状態 (1 なら押
されている)，mouse.clicked_name はクリックされた視覚刺激の [名前] といった具
合に情報が出力されている．Mouse コンポーネントの「データ」タブにある [クリッ
ク時に保存するパラメータ] を書き換えればクリックされた刺激の名前だけでなく色
や位置，角度なども出力できる (6.4 節の表 6.9 に書かれている属性名を指定する)．

　本節ではこれから刺激の角度を調整するように改造していくが，このまま OK ボタ
ンだけを削除して「ターゲットが左に傾いて見えたら<<，右に傾いて見えたら>>を
クリック」という課題にすれば恒常法の実験として成立するだけの情報が出力されて
いることは確認しておいてほしい．

5.2.4　刺激を回転させる

　それではこれから刺激を調整できるようにしていきたい．ここも本書を読み進めな
がら作業を進めるといいだろう．

　まず，現状では<<，>>のボタンを押すとルーチンが終了してしまうので，trial
ルーチンに配置してある mouse の [クリック可能な視覚刺激] を button_ok だけに
しておこう．続いて，同じく trial ルーチンに配置してある Code コンポーネントを
開き「Routine 開始前」タブの内容を確認してほしい．入力済みなのは以下の 1 行だ
けである．

```
1  target_dir = target_init_dir
```

target_init_dir は条件ファイルで提示されているパラメータで，試行が始まった ときのターゲットの回転角度の初期値を表している．target_dir は Image コンポーネントで刺激の回転角度として指定しているパラメータであり (このことは後で確認 する)，ここでは trial ルーチンが始まる前に回転角度を初期化している．PsychoPy では時計回りを正の方向として回転角度を表すので，例えば target_dir に 20 を代入するとターゲットが時計回りの方向に 20 度回転された状態で表示される．

さて，target_dir が刺激の回転角度に対応するのならば，<<または>>のボタンが押されているときに target_dir の値を増減すればよいはずだが，この処理はどのタイミングで行えばいいだろうか？ 答えは「フレーム毎」である．PC のモニターは 1 秒間に何回も (一般的には 60 回) 画面を描き換えることで動きのある映像を表現していることをご存じの人は多いと思うが，「フレーム」とはその画面の 1 枚 1 枚のことを指している．Code コンポーネントのプロパティダイアログ上では「フレーム毎」のタブは「Routine 開始前」と「Routine 終了時」のタブの間に置かれているが，これは「ルーチンの開始から終了までの間の，画面書き換え毎に」という意味だと思えばよい．Code コンポーネントの「フレーム毎」のタブを開き，以下のコード 5.2 を入力しよう．

コード **5.2** ターゲットを回転させるためのコード

```
1  if mouse.isPressedIn(button_cw):
2      target_dir += 0.5
3  elif mouse.isPressedIn(button_ccw):
4      target_dir -= 0.5
```

前節と同じ if 文だが，3 行目が else:ではなく elif 式: という形になっている．これは else と if をつなぎ合わせて短縮した形で，1 行目の if 文が偽だったときに，さらに条件分岐を行うことを意味している．最後に else: が書かれていないが，偽だったときに行う処理が何もない場合はこのように else: 以下は省略できる．

2 行目と 4 行目に +=，-= という見慣れない記号があるが，これは x = x+y という形の代入文がとてもよく使われるので，x を 2 度入力する手間を省いて x += y と書けるようにした演算子である．なお，慣れていない人は = と == を混同して x = x+y を「x と x+y は等しい」という意味と勘違いすることがあるので注意してほしい．正しくは「x+y を計算して，その結果を x に格納する」という意味である．

コード 5.2 でほかに解説が必要なのは 1 行目と 3 行目の mouse.isPressedIn() という部分である．これはメソッドと呼ばれるもので，() の中に書かれたものに対して定められた処理を行いその結果を返すものである．メソッドとよく似た概念に関数がある．例えば $f(x) = 3x + 2$ という 1 次関数は「x に数値を与えると『3 倍して 2 を足す』という処理を行いその結果を返す」ものと考えられる．関数とメソッドの違いを説明するには Python の文法について踏み込んだ解説をしないといけないので，こ

図 5.11 「フレーム毎に更新」に設定する.

こではとりあえず「視覚刺激やマウスといった特定の対象に付随する関数をメソッドと呼ぶ」と思っておいてほしい.

isPressedIn(x) は「視覚刺激 x の中にマウスカーソルがある状態でマウスのボタンが押されたら真，そうでなければ偽を返す」という処理を行うメソッドで，ここでの目的にぴったりである．1 行目では x にあたるところに button_cw と書かれているので「button_cw の中にマウスカーソルがある状態でボタンが押されたか」，3 行目では button_ccw と書かれているので「button_ccw の中にマウスカーソルがある状態でボタンが押されたか」を判定していることになる．mouse.isPressedIn という具合に mouse の後にピリオドを置いて isPressedIn と書かれているのは，この isPressedIn が mouse という [名前] の Mouse コンポーネントに付随するものであることを示している．言い換えると「mouse という [名前] の Mouse コンポーネントによって管理されているマウスカーソルについて，指定された視覚刺激の中にマウスカーソルがあるかどうかを返す処理をする」ということである．したがって，もし Mouse コンポーネントの [名前] が mouse_pracitce なら mouse_practice.isPressedIn と書かないといけない.

以上で Code コンポーネントの編集はひとまず完了である．あとは target_dir の変更が画面に反映されるように，ターゲットをフレーム毎に描き直すように設定しておかなければならない．trial ルーチンに配置されている image_target という名前の Image コンポーネントをクリックし，プロパティダイアログの「レイアウト」タブにある [回転角度 $] を「フレーム毎に更新」に変更しよう (図 5.11)．これで Code コンポーネントによって変更された target_dir が反映されて刺激の角度が変わるようになる．この作業のついでに，[回転角度 $] に target_dir と入力されていることをしっかりと確認しておこう．ここまでの作業をまとめると以下の通りである.

ここまでの作業
- tutorial_tilt_illusion を開き，trial ルーチンに配置されている mouse の [クリック可能な視覚刺激] を button_ok だけにする.
- trial ルーチンに配置されている code の「フレーム毎」にコード 5.2 を入力する.

> • trial ルーチンに配置されている image_target の「レイアウト」タブにある [回転角度 $] を「フレーム毎に更新」に変更する.

　さて，いよいよ実験を実行してターゲットの角度を調節できることを確認するが，ひとつ重要なことを解説したいので，Python での実行とローカルデバッグでの実行を両方行ってほしい．Python で実行した場合は期待通り <<を押すと反時計回り，>>を押すと時計回りにターゲットの角度が変化するはずである．マウスのボタンを押し続けると，その間一定速度で動き続けることも確認しておいてほしい．問題はローカルデバッグでの実行なのだが，どうだっただろうか？ おそらく Python で実行したときと回転方向が逆になっていたのではないかと思う．これは Builder で Pavlovia のオンライン実験が作成できるようになった当初からあるバグで，オンライン実験では反時計回りが正の回転方向となってしまうのである．この問題はすでに開発チームも認識しているが，本書の執筆時点 (2021 年 10 月) の最新バージョンである 2021.2.3 でも修正されていない．読者の皆さんがこの本を手にとってくださる前にこの問題が修正されたバージョンが公開されていればいいのだが，まだ残っていたら対策をする必要がある．

> ここまでの作業
> • tutorial_tilt_illusion を保存して Python で実行する．<<, >>を押してターゲットが正しい方向に回転するのを確認する．また，ボタンを押し続けている間ターゲットが回転し続けることも確認する．
> • 「HTML 形式でエクスポート」でオンライン実験用のファイルを出力し，ローカルデバッグで実行する．Python での実行時と回転方向が一致しているか確認する．

　もし作成中の実験がオンラインでのみ実施する計画なら，オンライン実験の仕様に合わせて反時計回りが正の回転となるように実験を作り変えてしまうといいだろう．tutorial_tilt_illusion の場合なら，条件ファイルに書かれている `target_init_dir` の符号を反転させて，コード 5.2 の `+=` と `-=` を入れ替えればよい．厄介なのは Python の実験とオンライン実験を並行して実施する場合で，どうしても Python での実行用とオンライン実験用で異なるコードを書かなければならない．この作業は将来不要になるかもしれないので，ここでいったん区切りを入れよう．

5.2.5　Python 用とオンライン実験用で異なるコードを書く

　チュートリアル 1 (5.1 節) で Code コンポーネントのプロパティダイアログ (図 5.4) を解説した際に触れたように，Code コンポーネントで [コードタイプ] を Both にする

と Python と JavaScript の両方のコードを自分で入力できるようになる．Auto->JS から Both に切り替えても自動入力された JavaScript のコードは消えないので，まず Auto->JS で Builder に自動翻訳をしてもらってから，Both に切り替えて修正を加えるという手順が楽だろう．以下の通り作業してみてほしい．

ここで行う作業

- trial ルーチンに配置されている code の［コードタイプ］を Both に切り替え，「Routine 開始時」の JavaScript のコード (右側の入力欄) の `target_init_dir` を `-target_init_dir` にする (-を挿入して符号を反転する)．続いて「フレーム毎」に切り替え，JavaScript のコードの `+=` を `-=` に，`-=` を `+=` にする．
- 「ファイル」メニューから「HTML 形式でエクスポート」を選んでオンライン実験用のファイルを出力し，オンライン実験のローカルデバッグで実験を実行する．

実行結果はどうだっただろうか．正しく作業できていれば，ローカルデバッグでも << を押すと反時計回り，>> を押すと時計回りにターゲットが回転するようになったはずである．なお，Auto->JS から Both に切り替えてコード変更を行ってから Auto->JS に戻そうとすると，その時点で Python 用のコード入力欄に入力されている内容の翻訳によって JavaScript 側のコードが上書きされてしまう．実際に上書きされてしまう前に警告のダイアログが表示されるので，間違えて操作した場合は慌てずキャンセルすること．

5.2.6　独自の変数を実験データファイルに記録する

ターゲットの角度を調整できるようになったことで目標としていた実験手続きは完成したが，まだ大事な作業が残っている．現在の状態では，参加者によって調整された角度，つまり `target_dir` の値が実験データファイルに出力されていないのである．

実験データファイルには，ループに設定された条件ファイルで定義されたパラメータ，Keyboard コンポーネントや Mouse コンポーネントによって記録された反応のデータ，各種コンポーネントの開始時刻や終了時刻，実験情報ダイアログの項目，そして実験実施日時や実行環境に関するいくつかの情報が出力される．`target_dir` はこのいずれにもあてはまらないので，こちらが何も Builder に指示しなければ実験データファイルに出力されることはない．Python での実験のみであればこういったときに便利な Variable コンポーネントというものが用意されているのだが，オンライン実験には未対応である．そこでまたしても Code コンポーネントの出番である．

Code コンポーネントを使って値を実験データファイルに出力するには，`addData()` というメソッドを使う．先ほど使用した `isPressedIn()` が対象となる Mouse コンポー

ネントの名前と組み合わせて使用しないといけなかったように，addData() はループの
機能なのでループの名前と組み合わせて使用しなければならない．tutorial_tilt_illusion
ではループは trials という名前のものが 1 個あるだけなので，必然的にこれと組み合
わせて trials.addData() という形で使うことになる．() の中には「実験データファ
イルにおける列名」と「出力する値」をカンマで区切って並べる．列名は条件ファイ
ルやほかのコンポーネントによって使用されるものと重複してはいけないので，これ
までに動作確認で実行した際に出力された実験データファイルを確認して，使われて
いない列名を考えなければいけない．ここではシンプルに response という名前にし
よう．出力する値は target_dir と書けばよい．以上より，Code コンポーネントに
書き込むべき文は以下のようになる．'response' の前後に ' がついていることに注
意してほしい．' なしで response と書いてしまうと response という変数だと解釈
されてしまう．

コード 5.3　実験データファイルへ値を出力するためのコード

```
1 | trials.addData('response', target_dir)
```

さて，これからコード 5.3 を tutorial_tilt_illusion に組み込みたいのだが，考えな
いといけない点が 2 つある．1 つはどのタイミングでこのコードを実行するかであ
る．trial ルーチンにおいて実験参加者が OK ボタンを押したときの角度が「縞模様
が垂直である」と判断された角度なのだから，この値を反応として記録すべきである．
OK ボタンが押されると trial ルーチンはただちに終了するのだから，trial ルーチン
の「Routine 終了時」が適切だろう．

考えないといけないもう 1 つの点は，すでに trial ルーチンに配置済みの Code コ
ンポーネントを流用するかどうかである．作業の効率性を考えると，ルーチンに配置
するコンポーネントは少ないほどよい．その観点からは，コードを実行すべき場所が
「trial ルーチンの「Routine 終了時」」なので，すでに配置してある Code コンポーネ
ントに追加で入力するのがよいのは間違いない．だが，この Code コンポーネントは
先ほど [コードタイプ] を Both にしてしまっているので，ここにコードを追加する
場合は JavaScript のコードも自分で書かなければならない．仕方がないのでいったん
Auto->JS に戻してコード 5.3 を追加してから，また Both に戻して作業をやり直
すというのもひとつの方法だが，ここでは「こんなやり方もある」という例を示すと
いうことで，「もう 1 つ Code コンポーネントを trial ルーチンに置く」という方法を
とってみたい．Code コンポーネントを追加する場合はルーチン内における実行順序
のことを考えなければいけないが，今回に関してはルーチンの終了時に実行するだけ
なので，ほかのコンポーネントとの順番を気にする必要はない．

ここからは実際に作業をしながら読み進めてほしい．Builder で tutorial_tilt_illusion
の trial ルーチンを開き，2 個目の Code コンポーネントを配置する．[名前] は自動

的に code_2 とつけられるが，後で「こっちが Auto->JS に設定されているほうだ」
と区別がつくように code_auto としておこう．もちろん code_adddata などの中身の
コードを連想できる名前にするのもいいが，本書では以下 code_auto という名前にし
たものとして解説する．[名前] を設定したら，続いて「Routine 終了時」のタブを
開いて Python 用のコード入力欄にコード 5.3 を入力しよう．自動翻訳で入力される
JavaScript 用コードがほとんど Python 用と同じなので「これなら自分で書けたん
じゃないか」と思われるかもしれないが，実際に何もヒントがないところから書くの
は Python と JavaScript の知識がないと難しいので，十分な知識がつくまでは自動
翻訳を大いに活用するとよい．

　作業はこれだけなので，あとは実験を実行してみよう．少なくとも数試行は実行し
てから ESC キーを押して実験を中断し，実験データファイルに response という列
が追加され，反応が出力されていることを確認してほしい．

ここまでの作業
- tutorial_tilt_illusion の trial ルーチンに 2 個目の Code コンポーネントを追加し，
  [名前] を code_auto にする．[コードタイプ] が Auto->JS になっていることを
  確認したうえで，「Routine 終了時」のタブの Python 用コード入力欄にコード 5.3
  を入力する．
- tutorial_tilt_illusion を保存して Python で実行する．後で出力を確認しやすいよ
  うに，数試行はわざと極端な角度 (45 度とか 90 度とか) に調整するとよい．ある
  程度の試行数を実施したら実験を中断し，実験データファイルの内容を確認する．
  response という列が追加されていて，調整後の刺激の角度が出力されていれば正
  しく動作している．
- 「HTML 形式でエクスポート」でオンライン実験用のファイルを出力し，ローカル
  デバッグでも実行して正しくデータが出力されるか確認する．

　以上で反応の記録ができるようになった．tutorial_tilt_illusion は実験終了時のお
礼メッセージや練習試行などをすべて省略しているので，自分で追加するとよい練習
になるだろう．また，<<，>>，OK のボタンはタッチパネルで操作することも想定
して少し間隔を広めにしたが，マウスで操作する場合はもっと<<と>>の距離が近い
ほうが微調整するときに操作しやすい．コード 5.2 ではフレーム毎にターゲットの角
度が 0.5 度ずつ変化するようにしたが，もっと細かく調整できるように変化量を小さ
くするのもいいだろう．こういった変更を行ってみることはとてもよい練習になるの
で，自由に試してみてほしい．

5.2.7 実験中に乱数を生成する

以上でチュートリアル2で目標としていたことはすべて解説したが，補足として
Code コンポーネントを使って実験実行時に試行毎に初期値を乱数で決定するテクニッ
クを紹介しておきたい．調整法の手続きを用いた実験では，毎回同じ状態から調整が
スタートすることがないように，刺激のパラメータの初期値を無作為に変更すること
がよくある．tutorial_tilt_illusion では初期値を条件ファイルから読み込むことによっ
て無作為化を行っているが，この方法を用いると総試行数が初期値の個数の倍数に制
限されてしまう．例えば2水準と5水準の2つの要因をもつ実験計画で，初期値に9
種類の値を指定した場合，$2 \times 5 \times 9 = 90$ の倍数でしか総試行数を設定することがで
きない．2要因のすべての組み合わせについて9種類の初期値を同じ回数実施する必
要がないのなら，条件ファイルを使わずに，実行時に試行毎に乱数で初期値を割り当
てたほうが試行数を柔軟に設定できる．

Code コンポーネント内で使える乱数関数を表5.1に示す．すでに PsychoPy を
使いこなしていて Python のコードを書いている人向けに断っておくと，これらは
Builder が出力するコード内で from numpy.random import random などといった形
で import されているのでシンプルに random() と書くことができる．また，Builder
による JavaScript への自動変換がこれらの関数に対応しているので，オンライン実
験を作成する際に安心して使用できる．

これらの関数を使って，tutorial_tilt_illusion の target_dir の初期値を決定する方
法を考えてみよう．まず，初期値を -3.0 から 3.0 の範囲の実数としたい場合は，実数
の関数を返す random() を利用する．random() が返す乱数の範囲が 0.0 以上 1.0 未
満なので，これを -3.0 から 3.0 の範囲になるように変換しなければならない．この
変換は以下のように計算できる (* は掛け算を表す)．

```
1 | target_dir = 6.0*random()-3.0
```

6.0 は変換先の範囲の最大値と最小値の差である．これを掛け算することによって
まず乱数の分布範囲を調整して，それから 3.0 を引くことによって範囲を一致させて
いる．初期値を -10 から 10 の整数としたい場合は，randint() を使って以下のよう
にすればよい．

```
1 | target_dir = randint(-10,10)
```

表 5.1 Builder で使える (JavaScript 自動変換に対応した) 乱数関数

関数	機能
random()	0.0 以上 1.0 未満の疑似乱数を返す．
randint(a,b)	a 以上 b 以下の整数の疑似乱数を返す．b 未満ではないので注意．
shuffle(s)	リスト (値を，で区切って並べて [] で囲んだもの) などの順番を無作為に並べ替える．

−10 から 10 で 0.5 刻みにしたい場合は，以下のように −20 から 20 の整数で乱数を生成してから 2 で割ればいいだろう (/ は割り算を表す)．

```
1 | target_dir = randint(-20,20)/2
```

不規則な間隔の数値の中から無作為に選択したい場合は，数値を並べたリストを作って無作為な順序に並べ替えて，その先頭の値を使用するとよい．以下に例を示す．

```
1 | init_values = [-2.7, -1.6, -0.8, -0.5, 0.5, 0.8, 1.6, 2.7]
2 | shuffle(init_values)
3 | target_dir = init_values[0]
```

1 行目の = の右辺に書かれている値を，で区切って並べて [] で囲んだものを，Pythonではリストと呼ぶ．変数 s にリストが格納されているとき，s[x] と書くと x 番目の要素を得ることができる．Python では先頭の要素を 0 番目と数えるので，s の先頭の要素を得るには s[0] と書く点に注意してほしい．以上を踏まえて上記のコードを読むと，まず 1 行目で init_values に不均等な間隔の 8 種類の値を並べたリストを代入している．2 行目で shuffle(init_values) によって init_values の値を並べ替え，3 行目で並べ替えたリストの先頭の要素を取り出しているというわけである．

以上のコードを tutorial_tilt_illusion で試したい場合は，trial ルーチンに配置している code_auto の「Routine 開始時」に入力する．そして code_auto の順序を，codeの「Routine 開始時」で target_dir に代入された値を上書きしてしまうために codeより下，ターゲットが描かれる前に上書きするために image_target より上に移動させる (図 5.12)．

なお，shuffle() を使う方法は，刺激の色のように数値でないものを無作為に決定したい場合などにも使える．target_color という変数に'red','lime','blue' のいずれかを指定したい場合は以下のようにする．

```
1 | init_values = ['red','lime','blue']
2 | shuffle(init_values)
3 | target_color = init_values[0]
```

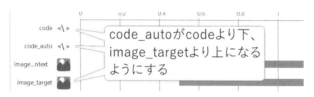

図 5.12　code_auto の順序を変更する．

5.3　チュートリアル 3：概念学習

5.3.1　試行をループと複数のルーチンで構成する

チュートリアル 3 では概念学習の課題を扱う．Pavlovia から筆者のアカウント (hsogo) で公開している tutorial_concept_formation というプロジェクトを使用するので，フォークまたはダウンロードしてから読み進めてほしい．

実験の流れと Builder のフローの対応を図 5.13 に示す．この課題では，画像の特徴を表す未知の語があると想定して，参加者は画面に表示された画像がその語にあてはまるか否かを回答する．すると回答の正誤が画面にフィードバックされるので，参加者はフィードバックを手掛かりにして未知の語がどのような特徴を表しているかを推定する．画像は 32 枚用意されており，5 枚続けて正解するか，32 枚すべてについて 1 回ずつ回答した時点で試行は終了する．試行終了時には，5 枚連続正解と 32 枚回

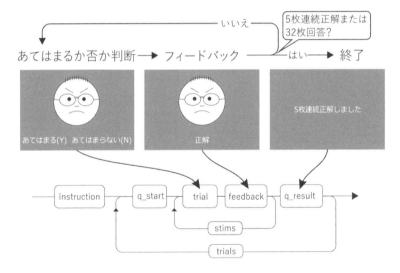

図 5.13　チュートリアル 3 の実験の流れ (上) および画像ファイルの命名規則 (下)

答のどちらによって終了したかが参加者にフィードバックされる．

　この実験が本書でここまで作ってきた実験と大きく異なるのは，1つの試行の中で画像提示と反応の測定を繰り返し行っている点である．そこで tutorial_concept_formation では，図 5.13 下段に示すように trials ループの内側に stims というループを設けて，stims ループで画像提示と反応測定の繰り返しを実現している．技術的には 5.1 節で学んだブロック化のための多重ループとまったく同じなので，5.1 節の復習のつもりで tutorial_concept_formation のフローを確認してほしい．特に trials ループで読み込んでいる条件ファイルである conditions.xlsx と，conditions.xlsx の中で stims ループ用の条件ファイルとして列挙されている 4 つの条件ファイルの内容はしっかり確認すること．stims ループ用の 4 つの条件ファイルでは，使用する画像 (stim_image) と，その画像に対して正答となるキー (correct_ans) を定義している．Windows ユーザーは注意してほしいのだが，stims 用の条件ファイルでは「プロジェクトの images フォルダ内にある Face00000.png」を images/Face00000.png という具合に / を区切り文字として使用している．Windows では通常 \ (日本語フォントでは ¥ 記号で表示される) で区切るが，オンライン実験で使用する条件ファイル内では/で区切らないと正常に動作しないことがあるため，必ず / を使用すること (Windows 上で Python で実行する場合でも / で問題なく動作する)．

　tutorial_concept_formation では，trial ルーチンに配置した Code コンポーネントを使って，feedback ルーチンに配置している Text コンポーネントにフィードバック用メッセージを設定している．5.1 節と同じ手法だが，ここではメッセージの文字列だけでなく色も「正解なら緑，不正解なら赤」に設定している．trial ルーチンに配置している code_trial の「Routine 終了時」に入力済みのコードを以下に示す．このコードは if 文で条件式が真だったとき，偽だったときに複数の文をまとめて実行する際の書き方の例になっている．

```
1  if key_resp_trial.corr == 1:
2      message_feedback = '正解'
3      color_feedback = 'lime'
4  else:
5      message_feedback = '不正解'
6      color_feedback = 'red'
```

　tutorial_concept_formation で未完成なのは「5 枚連続正解するか，32 枚回答したら試行を終了する」という部分である．現状では，反応の正誤にかかわらず 32 枚の画像を 1 回ずつ提示してから終了する．画像を次々と提示していく処理は stims ループを使って実現しているので，「5 回連続正解したら stims ループを終了する」という処理を行う必要がある．これはさらに「5 回連続正解したか判定する」と「まだ繰り返しが残っていても stims ループを終了する」という 2 つの処理に分解できるが，どちら

もここまで学んだテクニックでは実現できない. チュートリアル3ではこれらの方法の解説を主な目的とし，さらに現在の試行数を画面に表示する方法についても触れる.

5.3.2 現在何試行目かを画面に表示する

本実験では1つの試行の中で繰り返し画像に対して反応する必要があり，さらに繰り返し回数が参加者の反応によって変化するため，いつ試行が終わったのかがわかりにくい. そのうえ，試行毎に「どのように反応するのが正解なのか」が切り替わるため，「ここから新しい試行なんだ」ということを参加者に印象づける必要がある. そこでtutorial_concept_formationでは試行の開始時と終了時にq_startとq_resultというルーチンを設けて，q_startでは画面に大きく「第N問」のようにここからN番目の問題が始まることを強調し，q_resultでは今の問題が終わったことを示すメッセージを表示したい.

現在何試行目かをカウントする方法はいくつもあり，簡単かつ確実なのはcurrent_trialなどの現在の試行をカウントする変数をCodeコンポーネントで用意することである. そして1試行終える毎にこの変数に1を加算すればよい. これ以外の方法として，Builderでループの現在の繰り返し回数を取得する方法がある. ループにはそれ自体に現在の繰り返し回数を保持する変数が組み込まれており，ループ名の後ろに.thisNとつけるとその値を得ることができる. ループ名がtrialsならtrials.thisNである. このようなループなどの対象に組み込まれた変数のことを属性と呼ぶ. 5.2.7項で「Pythonで順序を数えるときは0番目から始める」と書いたが，ここでも同じように1回目の繰り返しのときにtrials.thisNの値は0であり，N回目ではN-1となる. なので画面上に表示するときはtrials.thisN+1という具合に1を足したほうがわかりやすいだろう.

さて，trials.thisN+1の値を画面上に表示するにはTextコンポーネントを使えばよい. ただ数値だけを表示するのであれば，Textコンポーネントの［文字列］に\$trials.thisN+1と書くだけでよいのだが，「第1問」などとほかの文字と一緒に表示する場合は工夫が必要である. 5.1.3項で少し触れたように，Pythonでは'不'+'正解'のように文字列同士に+演算を行うと，前後が結合された'不正解'という文字列が得られる. これを利用して'第'+(trials.thisN+1)+'問'と書けばうまくいきそうな気がするのだが，実行するとエラーになる. なぜかというと，trials.thisN+1はあくまで数値なので「文字列同士に+演算を行う」という条件から外れるからである. str()という関数を使うと数値を文字列に変換できるので，以下のようにすれば結合できる.

コード5.4 数値を埋め込んだ文字列を得るコード

```
1 | message_q_number='第'+str(trials.thisN+1)+'問'
```

左辺の message_q_number という変数は，q_start ルーチンに配置済みの text_q_number という Text コンポーネントの [文字列] に入力してあるので，このコードを code_q_start のルーチン開始時に text_q_number より前に実行すれば目的を達成できる．ここで行う作業をまとめると以下の通りである．

ここで行う作業

- Builder で tutorial_concept_formation を開き，q_start ルーチンに配置されている code_q_start の「Routine 開始時」にコード 5.4 を入力する．

なお，Python に慣れている人なら % 演算子や format() メソッドを用いたいところだろうが，本書で使用している 2021.2.3 の時点で Auto->JS による自動変換はこれらの方法に対応していない．

5.3.3 過去数試行の反応の結果に基づいて処理を分岐する

続いて過去の試行における反応を利用する方法だが，これは Code コンポーネントを使って反応をリストに保持しておくのが簡単である．リストは 5.2.7 項でも少し触れたが，複数の値を順番に並べて保持できるデータ構造で，実行中に要素を追加するなどさまざまな操作ができる．以下の例では，まず 1 行目では response という変数に []，つまり中身が空っぽのリストを作成して代入している．2 行目の append() は response に値を追加するというメソッドである．空っぽのリストに 5 という値を追加したので，2 行目の実行後には response の中身は [5] になる．3 行目ではさらに 'Y' を追加し，実行後の response の中身は [5,'Y'] になる．この例のように，リストには数値だけでなく文字列も追加できる．

```
1 responses = []
2 responses.append(5)
3 responses.append('Y')
```

さて，trial ルーチンには反応測定用に key_resp_trial という Keyboard コンポーネントが配置されていて，この key_resp_trial には [正答] が設定されているので，trial ルーチンの終了時には key_resp_trial.corr に正答なら 1，誤答なら 0 が格納されている (5.1.3 項参照)．なので，trials ルーチンに配置している code_trial という Code コンポーネントの「Routine 終了時」に以下のコードを書き込めば，変数 responses に反応の正誤を順番に保持できる．すでに code_trial という Code コンポーネントの「Routine 終了時」には if 文が入力済みだが，その後に追加するとよい．

コード **5.5** 反応の正誤を保持するコード

```
1 responses.append(key_resp_trial.corr)
```

コードはこれだけでは不完全で，このコードを実行する前に responses=[] を実行して response に空のリストを代入しておかなければならない．どのタイミングがいいだろう？ もし実験全体を通じて反応を保持するのなら，どこかのルーチンに配置した Code コンポーネントの「実験開始時」タブに記入するとよい．本実験の場合は，試行毎に連続正答回数をカウントするのだから，各試行の開始時に実行すべきである．幸い，試行が始まって最初に実行されるルーチンである q_start に Code コンポーネントが配置済みだから，ここに記入するのがよいだろう．

コード 5.6　反応の正誤を保持するためのリストを用意するコード

```
1 | responses = []
```

ここまでの作業をまとめておこう．

ここまでの作業

- trial ルーチンに配置されている code_trial の「Routine 終了時」にコード 5.5 を追加で入力する．
- q_start ルーチンに配置されている code_q_start の「Routine 開始時」にコード 5.6 を追加する．

続いて，保持しているリストを使って，直近の 5 回の反応すべて正答であるかどうかを判定する方法を考えよう．これにはリストから連続する要素をまとめて取り出す演算を使うと便利である．変数 s にリストが格納されているとき，s[a:b] と [] の中に : 区切りで 2 つの値を書くと，a 番目から b 番目までの要素を抜き出したリストが得られる（「a 番目」は図 5.14 のように要素と要素の間の区切りを数える）．この操作をスライスと呼ぶ．a を省略すると先頭から，b を省略すると末尾までが取り出されるほか，a または b に負の値を指定すると末尾から数えた位置を指定できる．

スライスを利用すると，以下のように書くことで responses に保持された反応の直近 5 回分を抜き出すことができる．a にあたる値が –5 なので「末尾から数えて 5 番目から」，b にあたる値が省略されているので「末尾まで」という指定になるのである．

```
1 | responses[-5:]
```

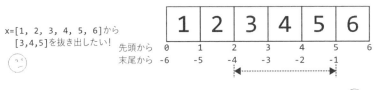

図 5.14　スライスによる要素の抜き出し

　注意深い人は「これって responses の要素が 5 つ未満だったらどうなるの？」と思うだろうが，その場合は取り出せるだけの要素が取り出される．つまり，3 つしか要素がないなら 3 つすべてが取り出される．

　直近 5 回分の反応を取り出してからの処理はいくつかの方法が考えられるが，簡単なのはリストの要素の合計を計算できる sum() という関数を使うことである．5 回すべて正答ならば 1 が 5 つ並んでいるので，合計すると 5 となるはずである．この方法のいいところは，反応が 5 回未満かどうかをいちいち場合分けする必要がない点である．したがって sum(responses[-5:])>=5 を条件とする if 文を書けば，5 回すべて正答の場合とそうでない場合の処理を分岐できるはずだ (>= でなく == でもよい)．

　5 回すべて正解だったときに行いたい処理は，以下の 2 つである．

1) q_result ルーチンで表示するために message_result に「5 枚連続で正解しました」という文字列を設定する．

2) stims ループを中断して q_result ルーチンへ進む．

　まだ慣れていない人には 2 つの処理を一気に解説すると難しいかもしれないので，順番に作業を進めよう．1 番目の処理は文字列を変数に代入するだけなので，技術的に新しいことはない．以下のようなコードとなるだろう．実行する場所は responses に最新の反応の正誤を格納した直後，つまり code_trial の「Routine 終了時」に入力済みのコード 5.5 の直後である．

コード 5.7　直近 5 回の反応に正答したときにメッセージを代入するコード

```
1 if sum(responses[-5:])>=5:
2     message_result = '5枚連続で正解しました'
```

　ここでちょっと頭を使うのは，5 枚連続正解できずに 32 枚の回答を終えてしまったときのメッセージをいつ代入するかである．ここまで学んできたことを踏まえれば else:と続けたくなるが，else:でメッセージを代入する場合，32 枚回答するまで毎回代入を行うことになり，最後の 1 回の代入以外はまるっきり無駄な処理である．試行開始時にメッセージを代入しておけば，途中で 5 枚連続正解すればメッセージが「5 枚連続で正解しました」に置き換えられるし，そうでなければ開始時に代入しておいたメッセージがそのまま残る．以下のコードを q_start ルーチンに配置されている code_q_start の「Routine 開始時」に追加しよう．

コード 5.8　メッセージの初期化コード

```
1 message_result = '32枚回答しました'
```

　以上で直近の 5 回の反応すべてに正答したときのメッセージを設定できるようになった．ここまでの作業をまとめておくと以下の通りである．

ここまでの作業

- trial ルーチンに配置されている code_trial の「Routine 終了時」にコード 5.7 を追加する. `responses.append(key_resp_trial.corr)` の後に追加するのがポイントである (ここまで解説通りに作業していれば自然にそうなるはず).
- q_start ルーチンに配置されている code_q_start の「Routine 開始時」にコード 5.8 を追加する.

5.3.4 繰り返しを中断する

実験の完成まであと一息,残るは stim ループの中断だけである.読後に探しやすいように項を分けたが,ループ中断のコードは非常に簡単で,ループに含まれるルーチンのどこかで,ループの `finished` という属性に True という値を代入するだけである.

この処理が何を意味するのか,そしていきなり出てきた True とはいったいなんなのか補足しておこう. 5.1.3 項で書かれた「内容を解釈すると値が得られるものを式と呼ぶ」と述べたうえで,2+3 > 8 のような「正しい (真) か誤っている (偽) か」が定まるものも式であると述べたことを思い出してほしい. 5.1.3 項では解説しなかったが,論理式は解釈した結果が真であれば True,偽であれば False という値を返すのである.これは文字列ではないので 'True','False' のように ' で囲まないことに注意してほしい. True は真を表すことから,プログラムにおいて「条件が成立している」ということを変数に保持しておきたいときに代入する値としてもよく用いられる.このような変数は一般にフラグと呼ばれる.もちろん「成立していない」ことを表すにはフラグに False を代入する.ループの属性 `finished` は「現在の繰り返しでこのループを終了する」ことを表すフラグであり,ループ開始時には False が代入されている.そしてループ内の任意のタイミングで True を代入すると,その繰り返しの最後 (つまりループ内に含まれるすべてのルーチンが終了した時点) でループが中断されるというわけだ.

コードを実行するタイミングは「ループを中断したい条件が成立したとき」,つまりコード 5.7 の if 文が真だったときである.以下のようにコードを追加すればよい.字下げを間違えないように,コード 5.7 で追加済みの部分もまとめて示す.

コード 5.9 ループを中断するコード (追加分は 3 行目のみ)

```
1  if sum(responses[-5:])>=5:
2      message_result = '5枚連続で正解しました'
3      stims.finished=True
```

作業はこれで終わりである.これで 5 枚連続で正解すれば試行が終了して「5 枚連

続で正解しました」と画面に表示され，5枚連続正解できずに32枚回答したら「32枚回答しました」と表示されるようにできた．Pythonで実行して動作を確認しよう．さらに「HTML形式でエクスポート」を実行してオンライン実験用のファイルを出力し，ローカルデバッグでも動作確認をしておこう．

ここまでの作業
- trialルーチンに配置されているcode_trialの「Routine終了時」にコード5.9を追加する．
- 実験をPythonで実行して，期待通りに動作することを確認する．さらに「HTML形式でエクスポート」してオンライン実験用のファイルを出力し，ローカルデバッグでも同様に動作することを確認する．

実験の途中で図5.15左のように "unknown resource" と書かれたエラーダイアログが表示されて実験が停止してしまった場合は，Builderがオンライン実験用のファイルを出力する際に，実験で必要となる画像ファイルの自動検出に失敗している．Builderは実験に配置されているコンポーネントのプロパティや，ループに指定されている条件ファイルの内容から，実験の実行に必要なファイルを検出しようとするが，条件ファイル内で画像ファイル等を指定しているときなどにうまく検出されないことがある．このような場合は，「実験の設定」ダイアログを開いて「オンライン」タブの [追加リソース] という項目に必要なファイルを登録すればよい．図5.15右のように [追加リソース] の入力欄の右側に ＋ と － が書かれたボタンがあり，＋ をクリックするとファイル選択ダイアログが表示されるので，必要なファイルを選んでOKをクリックする．不要なファイルを追加してしまった場合は，[追加リソース] の欄に表示されている不要なファイルを選択して － をクリックすればよい．

最後に，ここまで作業を行った後の code_trial の「Routine終了時」タブの入力内

図 5.15　unknown resource のエラーが表示された場合は [追加リソース] に必要なファイルを登録する．

容と，code_q_start の「Routine 開始時」の入力内容を示す．もしここまで作業して
うまく動作しないようなら，自分のコードとよく見比べて入力内容に間違いがないか
確認してほしい．

コード **5.10**   code_trial の「Routine 終了時」の内容 (最終)

```
1    if key_resp_trial.corr == 1:
2       message_feedback = ’正解’
3       color_feedback = 'lime'
4  else:
5       message_feedback = ’不正解’
6       color_feedback = 'red'
7
8  responses.append(key_resp_trial.corr)
9  if sum(responses[-5:])>=5:
10      message_result = ’5枚連続で正解しました’
11      stims.finished=True
```

コード **5.11**   code_q_start の「Routine 開始時」の内容 (最終)

```
1  message_q_number=’第’+str(trials.thisN+1)+’問’
2  message_result = ’32枚回答しました’
3  responses = []
```

5.3.5   直前の反応の反応時間を得る

以上でチュートリアル 3 は終了だが，ここで学んだテクニックの応用を紹介して
おきたい．チュートリアル 3 の実験では直近 5 回の反応の正答数で処理を分岐した
が，反応時間に基づいて分岐するというのも心理学実験では時々みかける処理である．
Keyboard コンポーネントの rt という属性に反応時間が保持されている (単位は秒)
ので，これを利用すれば反応時間に基づいた分岐ができる．例えば，rt = [] で変数
rt に空のリストを用意して，反応のたびに rt.append(key_resp_trial.rt) を実行
して反応時間を追加しているとする．このとき，コード 5.12 の条件式で「直近の 3
回の反応時間の平均値が 2.0 未満」で処理を分岐する if 文を書ける (平均値を求める
average() という関数があるが，Python と JavaScript で挙動が異なるので自前で
計算する)．

コード **5.12**   「直近の 3 回の反応時間の平均値が 2.0 未満」を表す式

```
1  sum(rt[-3:])/3 < 2.0
```

注意が必要なのは，この式では平均値を「合計を計算してから 3 で割る」ことによっ
て計算しているため，rt に 3 件未満しかデータが保持されていない場合に正しく計算
できないという点である．解決策はいくつか考えられるが，ここでは「rt に 3 件以上
データがあるときだけ平均値を計算する」という方法を考えてみよう．リストが保持
しているデータ件数のことをリストの「長さ」と呼ぶが，len() という関数を用いる

とリストの長さを得ることができる．「a は b 以上である」という条件は a >= b と
いう演算子で表すことができるので (ほかの大小関係を表す演算子は 6.4 節の表 6.3
参照)，「rt に 3 件以上データがある」という条件はコード 5.13 のように書くことが
できる．

コード 5.13　「反応時間のデータが 3 回分以上ある」ことを表す式
```
1 | len(rt) >= 3
```

「直近 3 回の反応時間の平均値が 2.0 未満」での処理の分岐を正しく行うためには
コード 5.12 と 5.13 の両方が同時に成り立たなければいけないが，このようなときに
便利なのが and という演算子である．and は論理積，つまり 2 つの条件式 a と b につ
いて「a かつ b」が成り立つときに True となる演算を表す．つまり，以下のように書
けば「rt の長さが 0 より大きく，かつ直近 3 試行の平均値が 2.0 未満」が成り立つと
きに True となる．

```
1 | len(rt) >= 3 and sum(rt[-3:])/3 < 2.0
```

この式を使って，以下のような if 文を作れば「直近 3 回の反応時間の平均値が 2.0
未満」で処理を分岐する if 文となる (Python では # から行末まではコメントと解釈
される)．

```
1 | if len(rt) >= 3 and sum(rt[-3:])/3 < 2.0:
2 |     #平均値が 2.0未満の時の処理
```

and の仲間には，論理和を表す or と否定を表す not がある．or は a or b という
形で使用し，「a または b」，つまり a と b の両方が False ではないとき真となる．not
は not a という形で使用し，a が False であるときに True となる．and, or, not
は非常に便利なので覚えておくとよい．

最後にもう 1 つ例をあげよう．rt に反応時間が 1.0 秒未満であるデータが何件含ま
れているかカウントしたいとする．リストの個々の要素に対して if 文を適用すればよ
いが，このように「リストの要素ひとつひとつに対して同じ処理を繰り返す」ときに
便利な for 文というものがある (図 5.16)．for 文は if 文のような複合文で，「for 変
数 in リスト：文」と書くとリストからひとつずつ要素を変数に代入して：以下の文
を実行する．言葉では説明しにくいので，具体例をみよう．

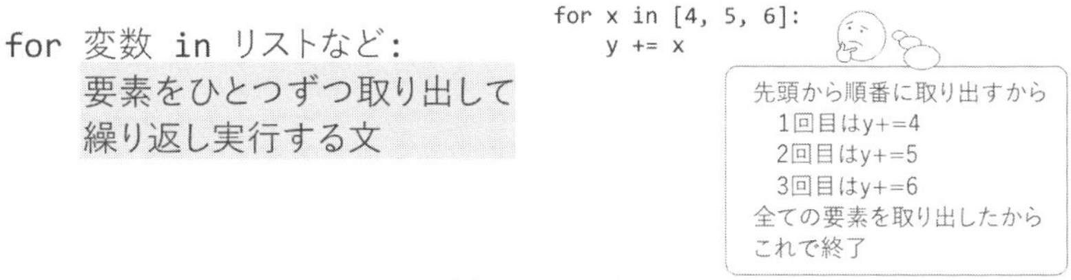

for 変数 in リストなど:
　要素をひとつずつ取り出して
　繰り返し実行する文

```
for x in [4, 5, 6]:
    y += x
```

先頭から順番に取り出すから
1回目はy+=4
2回目はy+=5
3回目はy+=6
全ての要素を取出したから
これで終了

図 5.16　for 文

図 5.17　for 文への if 文の埋め込み

```
1  count = 0
2  for val in rt:
3      if val < 1.0:
4          count += 1
```

　1 行目でまずカウント用の変数 count を用意し，0 で初期化している．2 行目が for
文の開始である．in の後ろに置かれているリスト，つまり rt の先頭から順番に値を
1 つ取り出し，val を代入して : に続く文を実行する．この例では 3〜4 行目の if 文が
for 文によって実行される文である．4 行目が 3 行目に対して 4 文字下げられている
ことに注意してほしい．これにより，4 行目が 3 行目の if 文の一部であることが判別
できるようになっている (図 5.17 も参照のこと)．

　for 文の動作を追いかけていこう．まず rt の先頭から先頭の値が取り出され，val
に代入される．3 行目で val < 1.0 が評価され，真であれば 4 行目の count += 1 が
実行される．for 文の繰り返し対象となる文はこれでお終いなので，2 行目に戻って次
の値が取り出されて val に代入される．あとは rt の最後の要素を処理するまで同じ
動作が繰り返される．結果として rt から val < 1.0 を満たす値が取り出されるたび
に count += 1 が実行されるので，for 文が終わったときには count に val < 1.0 を
満たす値の個数が得られている．

　この例では for 文に if 文を埋め込んだが，if 文に for 文を埋め込んだり for 文に for
文を埋め込んだりすることも可能である．そういったコードが自分で書けるようにな
れば，Builder で実現できる実験のバリエーションは飛躍的に増える．

5.4　チュートリアル 4：系列位置効果

5.4.1　刺激が繰り返されない実験をどう実現するか

　チュートリアル 4 では系列位置効果を確認する課題を扱う．Pavlovia から筆者のア
カウント (hsogo) で公開している tutorial_seq_pos_effect というプロジェクトを使用
するので，フォークまたはダウンロードしてから読み進めてほしい．

　図 5.18 に実験の概要を Builder のフロー風に表現した図を示す．画面に 1 個ずつ

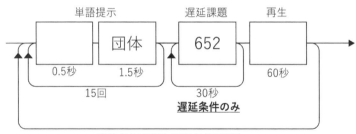

図 **5.18** チュートリアル 4 の実験の流れ

順番に提示される 15 個の単語をできる限り多く記憶し，後で再生するという課題である．15 個目の単語提示の終了直後に再生を始める「直後条件」と，30 秒間の計算問題の後に再生を始める「遅延条件」の 2 種類の条件を実施し，系列位置 (何番目に提示されたか) 別の再生成績を条件間で比較する．単語は 0.5 秒間の空白画面の後に 1.5 秒間提示するという 2 秒に 1 単語のペースで提示し，再生時間は 60 秒間とする．遅延課題は画面上に 3 桁の数値を提示し，この数値が 3 で割りきれればキーボードの F，割りきれなければ J を押すものとする．教科書でみられるような結果 (初頭効果や新近効果) を得るにはある程度の試行数が必要だが，本書では実験の作成方法を解説するのが目的なので，直後条件と遅延条件はそれぞれ 2 試行ずつとしよう．

さて，図 5.18 にフローの形で示しているので，このまま Builder に再現すれば実験が作成できそうな気がするかもしれない．しかし，この実験は本書で今まで作成してきた実験と異なる点がある．例えば Stroop 課題では「あか」や「みどり」といった単語を繰り返し提示しても問題ないが，この実験では同じ単語を試行毎に繰り返し提示するわけにはいかない．記憶課題では，個々の刺激は 1 度しか提示しないものが珍しくない．そのため，各試行への刺激の割り当て方によっては図 5.18 のようにフローが組めるとは限らないのである．以下のケースを考えよう．

1) 単語が 15 個ずつのセットに分割されていて，どのセットを直後／遅延条件に割り振るかも決まっている．
2) 単語が 15 個ずつのセットに分割されているが，どのセットを直後／遅延条件に割り振るかは実行時に無作為に決定したい．
3) セットへの単語の分割，直後／遅延条件への割り当てをすべて実行時に無作為に決定したい．

最初のケースは比較的簡単で，ほぼ図 5.18 のフローの形で実現できる．外側のループ用の条件ファイルでは「各単語セットに含まれる単語を定義した条件ファイル」と「直後／遅延条件の対応を定義する条件ファイル」の対応を記述し (図 5.19 左)，内側

図 5.19 セット分け，条件への割り振りがすべて決まっている場合の外側のループの条件ファイ
ル (左) と内側のループの条件ファイル (中央および右)

のループ用の条件ファイルでは各セットの単語を列挙すればよい (図 5.19 中央およ
び右).

　2 番目のケース，すなわちセットと直後／遅延条件への割り振りを無作為に決定し
たい場合は，条件ファイルに図 5.19 左のように書いてしまうわけにはいかない．こ
ういうときは Code コンポーネントの出番だが，どのようなコードを書けばいいだろ
う？ いろいろなコードが考えられるが，完成した実験のフローをみたときに実験がど
のように進行するのかを把握しやすいように，できる限り図 5.18 のフローの形を崩し
たくない．そこで，外側のループ用の条件ファイルではどの単語セットを読み込むか
だけを定義し，各試行がどの条件になるかを Code コンポーネントで決定するという
方針で考えてみよう．まず，どこかのルーチンに Code コンポーネントを配置して，
実験開始時に以下のコードを実行する．

```
1  conditions = ['immediate', 'immediate', 'delayed', 'delayed']
2  shuffle(conditions)
```

　'immediate' は直後条件，'delayed' は遅延条件を表す．それぞれ 2 つずつ書い
ているのは各条件を 2 試行実施するからである．shuffle() は 5.2.7 項で紹介した
リストの順番を無作為に並び替える関数である．もし直後／遅延条件の順序を固定す
るのなら，ここで shuffle() を実行しなければよい．そして，外側のループの現在の
繰り返し回 (thisN) を使って以下のように conditions から値を取り出してその試行
の条件とすればよい (ここでは外側のループの名前を trials とする).

```
1  current_condition = conditions[trials.thisN]
```

　あとは current_condition == 'delayed' などといった式を用いて if 文を組んで，
各条件に固有の処理 (この実験では遅延条件における計算課題) を行えばよい．なお，
同じ発想で外側のループ用の条件ファイルで直後／遅延条件を定義して，各試行で使用
する単語セットを Code コンポーネントで決定するという方針も考えられるが，ファ
イルの読み込みを行うコードは Code コンポーネントの Auto->JS で自動変換できな
いので，そのための JavaScript のコードを自分で書けるだけの技術がなければ無理

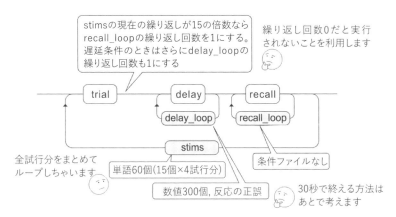

図 **5.20** tutorial_seq_pos_effect のフロー

である.

そして 3 番目の無作為に単語をセットに分割するケースだが，これは Builder の
ループが本来行う処理を自力でプログラムすることができるくらいの技術がなければ
図 5.19 のフローのような形で実現できない．それは本書で想定するレベルを大きく
超えているので，なんとか少しのコードを挿入するだけで第 3 のケースを実現するこ
とを考えたい．これがチュートリアル 4 の目標である．最初と 2 番目のケースについ
ては，サポートページ (http://www.s12600.net/psy/python/pavlovia/) から作
成例をダウンロードできるので，気になる人はそちらを参考にしてほしい.

図 5.20 に基本的な方針を示す．先に述べたように Code コンポーネントでファイ
ルの読み込みを行うのは難しいので，条件ファイルを使って単語を読み込むことにす
る．単語を条件ファイルから読み込み，なおかつ全試行にわたって無作為な順序で提
示するとなると，図 5.20 の stims ループのように全単語の一覧を条件ファイルとする
ループを組むしかない．ここからどうすれば系列位置効果の実験手続きに持ち込むこ
とができるだろう？ stims ループは単語を 1 つずつ順番に取り出して繰り返す作業に
割り当てないといけないので，各試行での単語提示に割り当てるのが自然である．遅
延課題と再生課題は単語 15 個を提示するたびに 1 回行われるのだから (ただし遅延課
題は条件による)，stims ループの繰り返しが 15 の倍数のときにだけ遅延課題や再生
を実行できれば，stims ループで系列位置効果の手続きができることになる．まだ遅
延課題をどうやって実現するかといった問題があるが，ひとまず「15 の倍数の繰り返
しのときだけ課題を実行する」ことを実現する方法を考えよう.

5.4.2 条件を満たしたときだけルーチンを実行する

条件を満たしたときだけルーチンを実行する方法はいくつか考えられるが，オンライン実験に対応しやすい (Auto->JS による自動変換に対応している) ことを重視すると選択肢は限られる．5.1.2 項で動作確認のために練習試行をスキップする方法として紹介した「ループの [繰り返し回数]」を 0 にするテクニックを応用するのである．図 5.20 に示すように再生課題用のルーチン (recall) を囲むループ (recall_loop) を設定し，stims ループの繰り返しが 15 の倍数であるときに recall_loop ループの [繰り返し回数] を 1，それ以外のときに 0 にすれば狙い通りの動作となる．遅延課題用のルーチン (delay) は再生課題の前に必ず実行するなら recall_loop の中に一緒に入れてしまえばよいのだが，「遅延条件の試行のみ，再生課題の前に実行する」という条件があるので，recall_loop とは別に delay_loop を用意して delay ルーチンだけを囲む必要がある．以上を踏まえて，いよいよ tutorial_seq_pos_effect での作業である．まだ準備していない人はダウンロードまたはフォークして Builder で開いてから以下を読み進めてほしい．

tutorial_seq_pos_effect を開くと，図 5.20 の通りのフローがすでに組み立てられていることが確認できる．delay_loop と recall_loop の [繰り返し回数] にはそれぞれ delay_loop_N, recall_loop_N という変数が設定してあるので，if 文を使って stims ループの繰り返し回数が 15 の倍数か否かに応じて 1 または 0 の値を設定すればよい．stims の現在の繰り返しは 5.3.2 項で紹介した thisN を使って stims.thisN+1 と書けるので，これが 15 の倍数であるという条件式を作る必要がある．Python にはこういうときに便利な剰余演算子 % というものがある．剰余とは割り算の余りのことで，a%b と書くと a を b で割った余りが得られる．stims.thisN+1 が 15 の倍数であれば 15 で割ったときの余りが 0 となるので，これを利用して stims.thisN+1 が 15 の倍数のときに recall_loop_N に 1，そうでないときに 0 を代入する if 文をコード 5.14 のように書くことができる．

コード 5.14　繰り返しが 15 の倍数のときに recall ルーチンを実行するためのコード

```
1  if (stims.thisN+1)%15 == 0:
2      recall_loop_N = 1
3  else:
4      recall_loop_N = 0
```

ここで stims.thisN+1 を () で囲んでいるのは，足し算と掛け算を含む計算で足し算を先に行いたいときに $(a+b) \times c$ のように足し算を括弧で囲むのと同じことで，() 内の計算を先に行うという指示である．Python では % のほうが + より優先順位が高いので，() で囲まないと 1%15 の計算が先に行われてしまう．このコードを実行するタイミングは，recall ルーチンを実行するタイミングかどうかは単語を 1 つ提示

し終えるたびに判定しないといけないので，trial ルーチンに配置してある code_trial
の「Routine 終了時」が適切だろう．

　続いて delay_loop_N の処理も済ませてしまいたいが，そのためには現在直後条件
と遅延条件のどちらを実行中なのか判別する仕組みを用意する必要がある．これには
5.4.1 項で概要を示した「現在実行中の条件」を表す変数を用意する方法が流用でき
る．まず以下のコードを実験開始時に実行して，変数 conditions に各試行がどの条
件であるかを順番に並べたリストとして使用することにする．

```
1  conditions = ['immediate', 'immediate', 'delayed', 'delayed']
2  shuffle(conditions)
```

　5.4.1 項と異なるのは，試行の繰り返しに対応するループが tutorial_seq_pos_effect
には存在しない点である．そこでなんらかの方法で現在が何番目の試行であるのかを
求める仕組みが必要となる．これはいろいろな方法があるが，わかりやすいのは現在
何試行目であるかを表す変数を用意することだろう．実験開始時に以下のコードを追
加で実行する．

```
1  current_trial = 0
```

　1 試行終える毎に current_trial を 1 ずつ増加させれば，conditions[current
_trial] とすることで現在実行中の試行の条件が得られる．

　これで遅延条件を実行するかしないかを制御するコードを書く準備ができた．遅延
条件を実行するときには必ず再生課題も行うので，recall ルーチンの実行を制御する
コード 5.14 に追加するのがいいだろう．少し難しいので，まずコードを示してから解
説する．

コード **5.15** 　recall ルーチンと delay ルーチンの実行を制御するためのコード

```
1  if (stims.thisN+1)%15 == 0:
2      recall_loop_N = 1
3      if conditions[current_trial] == 'delayed':
4          delay_loop_N = 1
5      current_trial += 1
6  else:
7      recall_loop_N - 0
8      delay_loop_N = 0
```

　まず，繰り返しが 15 の倍数でないときは 6 行目の else: 以降を実行するわけだが，
このときには遅延課題は行わないので delay_loop_N = 0 を追加する (8 行目)．問題
は繰り返しが 15 の倍数のときで，このときにさらに conditions[current_trial]
が 'delayed' に等しければ遅延条件が実行される条件が揃う．3〜4 行目の
「conditions[current_trial] == 'delayed' なら delay_loop_N = 1 を実行する」
という if 文をこの位置に埋め込むことによって，遅延条件が実行される条件が整った

ときに delay_loop_N = 1 を実行できる. 5 行目の current_trial += 1 は少し変則的で, current_trial の値は本来なら試行が終わるとき, つまり再生課題が終わるときに 1 増加させるべきである. そうすると recall ルーチンに配置してある code_recall に入力するのが適切ということになるが, その一方で「1 つの処理に関するコードは 1 つの Code コンポーネントにまとまっていたほうが管理しやすい」という考え方もある. 3〜4 行目の「これから delay ルーチンを実行する必要があるか」の判定が終わった時点で, 現在の stims の繰り返しにおける current_trial の役割はすでに終わっている. それに続く 5 行目で current_trial を 1 増加させてしまっても問題はないので, ここにコードを挿入したというわけである.

　以上で「セットへの単語の分割, 直後／遅延条件への割り当てをすべて実行時に無作為に行う」系列位置効果の実験のフローが完成した.「実験開始時」に入力するコードの解説が分散しているので, 以下に全体を示しておく.

　コード 5.16　recall ルーチンと delay ルーチンの実行制御のために実験開始時に実行する
　　　　　　 コード

```
1 | conditions = ['immediate', 'immediate', 'delayed', 'delayed']
2 | shuffle(conditions)
3 | current_trial = 0
```

> ここまでの作業
> ● tutorial_seq_pos_effect を Builder で開き, trial ルーチンに配置されている code_trial の「実験開始時」にコード 5.16 を入力する. さらに「Routine 終了時」にコード 5.15 を入力する.

　次の話題へ進む前にひとつだけ補足しておくと, 図 5.20 の recall_loop のところに「条件ファイルなし」と書かれているように, ループの [繰り返し条件] は空欄にすることができる.「繰り返し毎に変更したいパラメータは特にないけれども一定回数同じルーチンを繰り返したい」という場合や, 今回のように「ルーチンを実行するか否かを場合分けするためにループを利用したい」という場合などに便利なので覚えておくとよい.

5.4.3　文字の入力と残り時間の表示

　実験のフローが完成したので, 残るは遅延課題と再生課題である. 遅延課題はやや難しいので, 再生課題の解説から始めよう.

　tutorial_seq_pos_effect では, 再生という形式で参加者に反応させるために Textbox コンポーネントというものを使用している (図 5.21). Textbox コンポーネントは Text コンポーネントの強化版で, 枠線をつけたり書体 (ボールド, イタリック) を指定した

図 5.21 Textbox コンポーネント

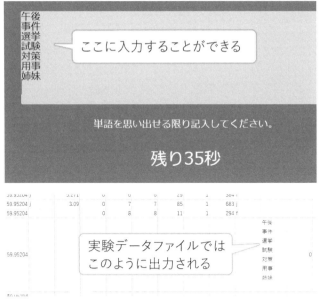

図 5.22 上：Textbox コンポーネントに日本語を入力した様子．下：実験データファイルへの出力

りできる．特に便利なのが「基本」タブにある [編集可能] で，ここにチェックを入れておくと，実験実行中にキーボードを使って文字列を編集できるのである．複数行の入力や日本語の入力も可能で，実験データファイルには入力した通りに出力される（図 5.22）．実験データファイルで日本語が文字化けしてしまう場合は 6.5 節を参考にしてほしい．

　Builder のオンライン実験の作成機能は PsychoPy 開発の歴史の中ではかなり最近追加されたもので，ほとんどの面において Python で実行するほうが機能性，動作安定性ともに優れているのだが，この Textbox コンポーネントの文字列編集機能に関してはオンライン実験用のほうが優れている．オンライン実験用では Textbox で日本語入力を非常に自然に行うことができるが，Python 用ではフォントを適切に指定しなければ文字化けしてしまうし，全画面表示されている状態で日本語入力をしようとすると画面表示が乱れたり，漢字変換の候補が入力位置ではなく画面の左上に表示されたりしてしまう (実行環境に依存する)．本書ではここまで「Python 用に作成した実験がほぼそのままオンライン用でも動作する」という方針で実験を作成してきたが，この tutorial_seq_pos_effect に関しては自分の PC で実行する場合でも「HTML 形式でエクスポート」してローカルデバッグで実行することをお勧めする．実験終了時に実験データファイルを「ダウンロード」する画面が実験参加者にみられてしまう (ブラウザによっては参加者がダウンロードをキャンセルする操作をしてしまうおそれがある) が，それでもなおオンライン用で実行する価値がある．2021 年 10 月現在，Python 用の Textbox コンポーネントの開発は停滞しているので，「日本語を扱う場合はオンライン用で実行するほうがよい」という状況が当面続くと思われる．

　実験作成の話に戻ろう．再生課題については，編集可能な Textbox コンポーネントを使うことによって，キーボードで単語を入力してもらうという形で実現できる．60 秒の制限時間については，recall ルーチンに配置するコンポーネントの [終了] を 60 に設定すればよい．ただし，これだけでは 60 秒が経過したらいきなり再生課題が終了してしまうので，参加者にあと何秒で終了するのかを示したほうがよさそうである．recall ルーチンには，そのために text_recall_t という名前の Text コンポーネントを配置してあり，文字列に$message_remaining という変数を設定している．5.3.2 項で現在の試行数を画面に表示したときと同じように，残り時間の数値を str() で文字列に変換して「残り」「秒」といった文字列とつなぎ合わせて message_remaining に代入すればよさそうだ．問題は残り時間をどのように取得するかだが，これには Builder の内部変数というものを利用する．

　Builder の内部変数とは，Builder が作成する実験の中で暗黙のうちに使用される変数のことである．どのような内部変数があるかをすべて紹介するのは本書で想定しているレベルを超えているので，本節では便利な内部変数を 3 つ紹介するだけにとどめておく．そのうちの 1 つが t という変数で，t には「現在のルーチンが開始されてからの経過時間」が格納されている．単位は秒である．あくまでルーチンの実行中のみに有効であり，Coder での「実験開始前」のコードが実行される時間帯など，ルーチン実行中以外のときに参照すべきではない．再生課題が 60 秒間になるようにコンポーネントの [終了] を設定しているので，60-t を計算すれば残り時間が得られる．

あとは 5.3.2 項と同じようにすればよいのだが，t は小数で表されているので単純に
str(60-t) とすると「残り 37.57088016669919 秒」などといった小数点以下の桁数
が無意味に多い表示となってしまう．整数への丸め処理を行う round() という関数が
あるので，str(round(60-t)) とすれば整数の値が得られる（round() の挙動につい
ては 6.4 節の表 6.6 参照）．以上より，残り秒数を表す文字列を得るコードは以下のよ
うになる．

コード 5.17　残り秒数を表す文字列を得るコード

```
1 | message_remaining = "残り"+str(round(60-t))+"秒"
```

これを recall ルーチンに配置してある code_recall に入力すればよい．常に更新し
続けないといけないので，入力するタブは「フレーム毎」である．合わせて表示に使
う Text コンポーネント (text_recall_t) の [文字列] を「フレーム毎に更新」にする
ことを忘れないようにしなければならない (tutorial_seq_pos_effect ではすでに設定済
み)．また，recall ルーチンで code_recall が text_recall_t より先に実行されるように
並べておかないと，「message_remaining という変数が定義されていない」というエ
ラーになるので，自分で実験を作成するときはこの点にも注意すること．

ここまでの作業
- recall ルーチンに配置されている code_recall の「フレーム毎」にコード 5.17 を
  入力する．

以上で再生課題は完成だが，2 つ補足しておきたい．まず，コンポーネント [名前]
に文字列を入力すると図 5.23 のような警告メッセージが赤色で表示されることがあ
るが，これは入力した文字列が内部変数のような「Builder によって暗黙裡に使われ
る名前」と重複してしまったときに表示されるものである．名前が重複してしまうと
プログラムは正常に動作しなくなってしまうので，このようなメッセージが表示され
たときはあきらめてほかの名前を考えてほしい．もう 1 つは，round() を使わずに t
の値を表示すると小数点以下かなりの桁数が表示されるが，この値はどこまで信頼で

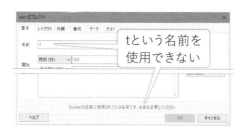

図 5.23　t は Builder の内部変数なのでコンポーネントの [名前] として使用できない．

きるのかという問題である．これは実験を実行する機器 (PC やタブレット) に搭載されているチップの性能に依存するのだが，多くの場合ミリ秒よりはるかに高い精度で測定されている．ただし，キーボードやタッチパネルをタッチしてからプログラムで検出されるまでの遅延や，画面表示の命令を実行してから実際に画面が描画されるまでの遅延はミリ秒のオーダーで生じるので，反応時間の測定精度にもその程度の誤差はあると考えておくべきである．

5.4.4　指定した時間で終了するループを実現する

tutorial_seq_pos_effect の作成もいよいよ大詰めである．遅延課題の作成にとりかかろう．遅延課題は「画面に表示される 3 桁の整数が 3 で割りきれるかを判断し，キー押しで反応する」というものとして，整数と正答となるキーのペアは delay_loop の条件ファイルとして指定している delay_task.xlsx から読み込むものとする．問題は，今までの実験と同じように条件ファイルを作成したら「何回繰り返すか」はコントロールできるのだが，「何秒間行うか」はコントロールできない点にある．「参加者の反応でルーチンを終える (次の問題へ進む) のではなく 1 問あたり 5 秒間に固定し，5 秒 × 6 問で 30 秒とする」という選択肢もあるが，本項ではあくまで「1 問あたりの時間は固定せず，30 秒経ったら遅延課題を終了する」という方法を考えてみたい．

　前項で内部変数 t を学んだので，これを使えばなんとかなりそうな気がするが，t は「ルーチンが開始されてからの経過時間」であり，delay_loop を使って 1 問ずつ提示するという方法では 1 問回答するたびに t が 0 に戻ってしまい役に立たない．t とは別に，ルーチンを超えて時間を測定できる方法が必要である．ここで登場するのが本節で紹介する 2 つ目の Builder の内部変数 globalClock である．globalClock には，実験が開始されてからの経過時間を測る「時計」が格納されている．時計というよりはストップウォッチのようなものを想像したほうがよいかもしれない．実験開始時に 0 秒からスタートし，実験中の任意の時点で globalClock の getTime() というメソッドを実行すれば経過時間が得られる (単位は秒)．これを利用して

コード 5.18　遅延課題開始時刻を保持しておくコード

```
1 | delay_start = globalClock.getTime()
```

というコードを遅延課題開始直前に実行して delay_start に開始時刻を代入しておき，遅延課題中に

```
1 | elapsed = globalClock.getTime()-delay_start
```

というコードをフレーム毎に実行して遅延課題開始からの経過時間を得ればよい．ここでは elapsed という変数に代入している．

　コード 5.18 の入力位置は後で考えるとして，まず「30 秒経過したら遅延課題を終了

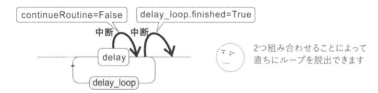

図 5.24　continueRoutine と finished の合わせ技でただちにループを脱出する.

する」処理を完成させよう．ぱっと思いつくのが 5.3.4 項でループを中断するときに用いた finished だが，finished はあくまで現在実行中のルーチンが終わった時点でのループの中断を指示するだけなので，これだけでは「30 秒経過した後，最初に参加者が反応したとき」が終了のタイミングとなってしまう．極端な話，参加者がぼんやりしていて反応しなければいつまでも終了しない．参加者の反応にかかわらず 30 秒で確実に中断するには「現在進行中のルーチンを強制的に中断する」ことができなければいけない．これを実現するには本節で紹介する 3 つ目の内部変数である continueRoutine を使用する．continueRoutine は「現在のフレームが終わった後も現在のルーチンの実行を続ける」ことを表すフラグで，finished とは逆に値が False であるときに次のフレームへ進まずにルーチンが中断される．continueRoutine で delay ルーチンを中断して，さらに finished で delay_loop を中断することによって，目的の動作が達成できる (図 5.24)．elapsed が 30 以上になったら中断したいのだから，以下のようなコードを delay ルーチンでフレーム毎に実行すればよいだろう．

```
if elapsed >= 30:
    continueRoutine = False
    delay_loop.finished = True
```

本当に高い時間精度が必要とされる実験を考えている人のために補足しておくと，このコードでは「30 秒以上経過した」ことが検出されてからルーチン終了のフラグをセットするので，少なくとも 1 フレーム分は 30 秒を超過する可能性が高い．1 フレームの時間を考慮して早めにフラグをセットする必要があるが，どのような機材を使って実験が行われるか統制しにくいオンライン実験でそこまでの精度を求めるのは難しいかもしれない．

さて，これで「30 秒経過したら遅延課題を終了する」ためのコードは揃ったが，遅延課題もあと何秒残っているか画面に表示されているほうが参加者はやりやすいだろうから，前節と同様以下のコードをつけ加えておこう．

```
message_remaining = '残り'+str(round(30-elapsed))+'秒'
```

以上のコードをまとめて delay ルーチンに配置してある code_delay の「フレーム毎」に入力する．ここまで小出しに示してきたので，以下に code_delay の「フレーム

毎」に入力するコード全体を示しておく.

コード **5.19**　30 秒経過したら遅延課題を終了させるコード (残り時間を示す文字列を得る
コードも含む)

```
1  elapsed = globalClock.getTime()-delay_start
2  if elapsed >= 30:
3      continueRoutine = False
4      delay_loop.finished = True
5  message_remaining = '残り'+str(round(30-elapsed))+'秒'
```

あとは, 遅延課題開始時刻 (delay_start) を準備するコード (コード 5.18) の入力位置をまだ決めていなかったので決めなければならない. delay ルーチンは遅延課題中に何度も繰り返し実行されるので, delay ルーチンに置いている code_delay の「Routine 開始時」に入力するわけにはいかない. そうすると, フローにおいて delay ルーチンの前にあるルーチン, つまり trial ルーチンに置いている code_trial の「Routine 終了時」に入力するしかない. ここにはすでに 15 の倍数の繰り返しのときに遅延課題, 再生課題へ移行するためのコード (コード 5.15) を入力済みなので, 入力済みのコードの動作を妨げないように追加しなければならない. 今回の場合, コード 5.18 は遅延課題を開始するときにのみ実行する必要があるので, 遅延課題の開始を判定する if 文へ追加するのがいいだろう. 以下に入力例を示す. 追加したのは 5 行目のみだが, 念のため code_trial の「Routine 終了時」に入力するコード全体を示しておく.

コード **5.20**　code_trial の「Routine 終了時」にコード 5.18 を追加した状態 (5 行目に追加)

```
1  if (stims.thisN+1) % 15 == 0:
2      recall_loop_N = 1
3      if conditions[current_trial] == 'delayed':
4          delay_loop_N = 1
5          delay_start = globalClock.getTime()
6      current_trial += 1
7  else:
8      recall_loop_N = 0
9      delay_loop_N = 0
```

tutorial_seq_pos_effect で目標としていた動作はこれですべて実現することができた. 実験を保存し, 「HTML 形式でエクスポート」でオンライン実験用のファイルを出力して, ローカルデバッグで実行して動作を確認しよう. 先に述べたように, この実験は Textbox コンポーネントを使った文字入力の部分が Python ではうまく動かないので注意してほしい (あえて実行してどのようになるのか確かめてみるのもいいだろう). なお, 本書の執筆で使用しているバージョン 2021.2.3 ではオンライン版での Textbox コンポーネントの動作にバグがあり, 第 2 試行以降で文字の入力ができなくなってしまう. これを防ぐには recall ルーチンの最初に Textbox コンポーネントの reflesh() という関数を実行する必要がある. 読者の皆さんが使用するバージョンではこの問題は解消されているかもしれないが, もし第 2 試行以降で文字入力がで

きないバグが生じる場合は recall ルーチンに Code コンポーネントを新たに配置し，[コードタイプ] を Both にして JavaScript 側 (つまり右側) の入力欄に以下のコードを入力するとよい．

コード **5.21**　第 2 試行以降で Textbox コンポーネントの文字入力ができないバグを回避するコード

```
1 | textbox_recall.refresh()
```

ここまでの作業

- delay ルーチンに配置されている code_delay の「フレーム毎」にコード 5.19 を入力する．
- trial ルーチンに配置されている code_trial の「Routine 終了時」にコード 5.18 を追加入力する．入力後にはコード 5.20 のようになる．
- 「HTML 形式でエクスポート」でオンライン実験用のファイルを出力し，ローカルデバッグで実行して動作を確認する．

必要に応じて行う作業

- 第 2 試行以降で Textbox コンポーネントで文字入力ができない場合は，recall ルーチンに新たな Code コンポーネント (名前は code_both とする) を配置し，[コードタイプ] を Both にして JavaScript 側の入力欄にコード 5.21 を入力する．Python 側の入力欄は空白のままでよい．textbox_recall より前に実行されるように，recall ルーチン上で code_both が text_recall より上になるように並べ替えること．

　最後に 2 つ補足しておきたい．1 つ目は delay_loop の条件ファイルと [繰り返し回数] の設定である．本章で解説したトリックがうまく機能するには，30 秒間の遅延課題時間では絶対にすべて終えることができない個数の計算問題を用意する必要がある．そうしないと 30 秒経つ前に遅延課題が終了してしまう可能性があるからだ．tutorial_seq_pos_effect では遅延課題の計算問題の間に 0.1 秒の空白を設けているため，どんなに速く反応しても 1 問あたり 0.1 秒より長くかかる．そして計算問題を定義している delay_task.xlsx には 300 問が用意されているので，30 秒以内にすべて回答することは不可能である．もし同じ問題を繰り返し使用しても構わないなら，30 問を用意して delay_loop_N に 10 以上の値を代入するなどといった選択肢もある．

　2 つ目は，各試行開始時に「第 1 試行」と表示したり，遅延課題開始時に「遅延課題」と表示したりするにはどうしたらよいかである．tutorial_seq_pos_effect ではこういった要素は省略したが，実際にオンライン実験を行うならあったほうが望ましいだろう．試行開始時のメッセージは「単語 15 個を提示する毎に 1 回」表示されると

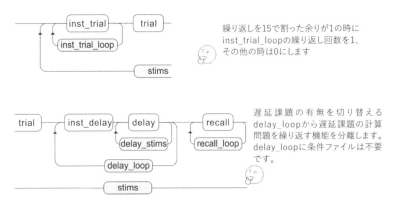

図 5.25　上：試行開始時. 下：遅延課題開始時にメッセージを表示する.

いう意味では遅延課題や再生課題と同じなので，基本的に同じ方法で実現できる．図 5.25 上のように trial ルーチンの前にルーチンを挿入してループで囲み，Code コンポーネントを使ってループの [繰り返し回数] を操作すればよい．ただし，遅延課題や再生課題と違って「繰り返しを 15 で割った余りが 1 のとき」に実行するようにしなければならない．

　遅延課題開始前にメッセージを表示する場合，メッセージ表示用のルーチンを delay_loop の中に入れればよいが，それだけでは計算問題 1 問毎にメッセージが表示されてしまう．現状の tutorial_seq_pos_effect では delay_loop に「遅延条件を開始する条件が整ったときに実行する」という処理と「条件ファイルから計算問題を読み込んで繰り返す」という処理が一緒になってしまっているのが問題なので，図 5.25 下のように delay_loop 内にもう 1 つループを設けて計算問題の繰り返しはそちらで行うようにすればよい．フローの見た目が実際の実験の流れと大きく異なってしまうので「無理矢理感」は否めないが，こういった使い方ができることは覚えておくとよい．

5.4.5　アニメーションの実現

　以上でチュートリアル 4 は終了だが，ここで解説したことに関連するテクニックを紹介しておこう．実験の中でリアルタイムに刺激の大きさや色，位置，角度などを変化させてアニメーションを行いたいときに，それらの変化が時刻の関数として表現できるのなら，内部変数 t や globalClock を用いて実現できる．例えば色を周期的に変化させたい場合，三角関数 sin と内部変数 t を用いて

```
1 stim_color = (sin(t), 1, 1)
```

とすれば，色を (-1, 1, 1) から (1, 1, 1) の間で変化させることができる (sin が −1.0 から 1.0 まで変動することに注意). sin の周期は 2π なので，この例では 2π 秒

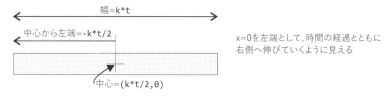

図 5.26　プログレスバーのアニメーション

(約 6.28 秒) で最初の色に戻る．Builder では円周率として pi を使えるので，これを利用して周期を変更できる．例えば

```
1 | stim_color = (sin(2*pi*t), 1, 1)
```

とすれば t が 1 増加する毎に 2*pi*t は 2π 増加するので，1 秒周期で色を変化させることができる．

もう 1 つ例をあげよう．Polygon コンポーネントで長方形を描き，図 5.26 のように幅を t の k 倍 (k は正の定数)，位置の X 座標を幅の 1/2 に設定した場合を考える．つまり，幅を k*t，位置の X 座標を k*t/2 にするということである．PsychoPy では右への移動が正の方向であることを考慮すると，長方形の中心を基準として左端の X 座標は-k*t/2 となるので (図 5.26)，t を増加させても常に長方形の左端の X 座標は 0 になることがわかる．一方，幅は t に比例して拡大するので，ルーチン開始からの経過時間を示すプログレスバーを描くことができる．コード 5.22 は 10 秒かけて幅が 0.0 から 0.5 になるプログレスバーの位置とサイズを計算する例である．位置の X 座標から 0.25 を引くことによって，バーの左端の X 座標が -0.25 から始まるように調整してある．

コード 5.22　プログレスバーのアニメーションのためのコード

```
1 | stim_pos = (0.25*(t/10)-0.25, 0)
2 | stim_size = (0.5*(t/10), 0.05)
```

Code コンポーネントを配置してこのコードを「フレーム毎」に入力し，Polygon コンポーネントを配置して [形状] に長方形，[位置 [x,y]] に stim_pos，[サイズ [w,h]] に stim_size を指定すればよい．[位置 [x,y]] と [サイズ [w,h]] をフレーム毎に更新するように設定すること，Polygon コンポーネントより先に Code コンポーネントが実行されるようにすることを忘れないようにしよう．

ある程度 Builder の使用経験があって，このようなアニメーションをすでに自分で作成したことがある人なら，「コード 5.22 程度の処理ならわざわざ Code コンポーネントなんか使わなくても，Polygon コンポーネントのプロパティに直接記入すればいいのではないか」と思われるかもしれない．確かにその通りなのだが，2020 年 8 月にリリースされたバージョン 2020.2.3 まではコンポーネントのプロパティに書かれた

コードが自動的に JavaScript に変換されなかったため，Code コンポーネントを使う必要があった．2020.2.3 以降は自動変換が行われるようになったので簡単なコードならプロパティダイアログに直接書いても動作するようになったが，ここまでにも何度かみてきたように自動変換がうまく機能しない場合もあるため，筆者はいつも「Code コンポーネントで処理を済ませた結果を変数に代入して，その変数をプロパティに設定する」という方法をとることにしている．今後のバージョンアップで自動変換がさらに高性能になれば，このような回りくどい方法をとる必要はなくなるかもしれない．

5.4.6　実験中断および終了時 Google フォームへ移動する場合に参加者 ID を埋め込む方法

ここまでの解説で，ようやく 3.6 節で先送りにしていた問題を扱うことができるようになった．実験中断および終了時に Google フォームへ移動する際に，参加者 ID などをあらかじめ Google フォームに埋め込んだ状態にするにはどうすればよいかという件である．

Google フォームへの埋め込みを実現するには，まず埋め込み先のフォームを作成して，埋め込み用 URL を取得しなければならない．図 5.27 に手順を示す．まず図 5.27 上段のように「参加者 ID」という項目をもつ Google フォームを作成し，右上の縦に点が並んだマークのボタンをクリックしてメニューを開き，「事前入力した URL を取

図 **5.27**　Google フォームの埋め込み用 URL を取得する．

得」を選択する．そうすると図 5.27 中段のようにフォームの入力画面が表示されるの
で，埋め込みを行いたい項目に適当な値を入力する．図 5.27 では 0000000X という文
字列を「参加者 ID」に入力している．埋め込みを行いたい項目への入力を終えたら，
左下にある「リンクを取得」ボタンをクリックする．すると下のほうに図 5.27 下段の
ようなメッセージが表示されるので，「リンクをコピー」と書かれている部分をクリッ
クする．以上の手順で埋め込み用 URL がコピーされるので，とりあえずテキストエ
ディタなどに貼りつけておくか，すぐに Builder での作業に移ろう．

　続いて Builder での作業だが，素朴に考えれば埋め込む値を実験情報ダイアログか
ら取得した値に書き換えた後，「実験の設定」ダイアログの [正常終了時の URL]，[中
断時の URL] に書き込めばよいように思われる．しかし，Builder で作成する実験の内
部では [正常終了時の URL]，[中断時の URL] の処理のほうが実験情報ダイアログから
の値の取得より前に行われるため，この方法はうまくいかない．そこで，Code コン
ポーネントを使って実験情報ダイアログからの値の取得後に転送先 URL を書き換え
るという方法をとる必要がある．Google フォームへの転送を行いたい実験を Builder
で開き，どこか適当なルーチンに Code コンポーネントを配置しよう．このコードは
オンライン実験でのみ意味があるので，JavaScript 側にのみコードを入力するため
[コードタイプ] を Both か JS に設定しておくこと．そして「実験開始時」のタブを
開き，JavaScript 用の入力欄に先ほどコピーした埋め込み用 URL を貼りつけよう．

　図 5.27 の手順で取得した URL は，以下のような形をしている．URL が非常に長
いので中略している点に注意してほしい．URL の末尾のほうに図 5.27 の手順で「参
加者 ID」にとりあえず入力しておいた値 (この例では 0000000X) がみつかるはずで
ある．

```
1  https://docs.google.com/forms/(中略)/viewform?usp=pp_url&entry
   .367397464=0000000X
```

　Google フォームへの値の埋め込みは，3.5 節でフォームの値を実験情報ダイアロ
グへ埋め込んだときと同じ形式で，0000000X の代入先である entry.367397464 とい
うのが埋め込み先のフォームの「参加者 ID」のパラメータ名ということになる．こ
の 0000000X の部分を実験情報ダイアログから取得した participant の値と置き換え
れば，Google フォームの「参加者 ID」に participant の値を埋め込むことができる．
JavaScript でも Python と同様に + で文字列の結合ができるので，以下のようにす
ればよい．expInfo['participant'] で実験情報ダイアログの participant の値を取
得できることは 2.10 節で述べた通りである．

```
1  'https://docs.google.com/forms/(中略)/viewform?usp=pp_url&entry
   .367397464=' + expInfo['participant']
```

　もし置き換えたいパラメータが URL の末尾ではない場合は，以下のように + 演算

子を複数個使って埋め込み部より後ろの URL をつなげばよい.

```
1  'https://docs.google.com/forms/(中略)/viewform?usp=pp_url&entry
     .367397464=' + expInfo['participant'] +'&entry.(以下略)'
```

以上のように作成したURLを転送先に設定するには, psychoJS.setRedirectUrls()
という関数を使用する. この関数は 2 つのパラメータをとり, 1 つ目に正常終了時の
URL, 2 つ目に中断時の URL を指定する. 非常にパラメータが長いので入力作業が
しにくいが, 関数のパラメータの前後では改行できるので, 以下のように改行して入
力すると少しはみやすくなる. 1 つ目のパラメータ (2 行目) の最後のカンマを忘れな
いようにしよう.

```
1  psychoJS.setRedirectUrls(
2  "https://docs.google.com/forms/(中略)/viewform?usp=pp_url&entry
     .367397464=" + expInfo["participant"],
3  "https://docs.google.com/forms/(中略)/viewform?usp=pp_url&entry
     .367397464=" + expInfo["participant"]
4  );
```

　psychoJS.setRedirectUrls() は正常終了時, 中断時の URL をまとめて更新する
ので, どちらか一方を「実験の設定」ダイアログで指定しておいて, 残りのほうだけ
を psychoJS.setRedirectUrls() で更新するといったことはできない. また, 先ほ
ど Code コンポーネントを「どこか適当なルーチンに配置」するように説明した点に
ついて補足しておくと, Code コンポーネントの「実験初期化中」や「実験開始時」「実
験終了時」に書いたコードは Code コンポーネントがどのルーチンに置かれているか
には関係なく, 指定したタイミングで実行される. 逆にいうと, どのルーチンに配置
したかが意味をもつのは「Routine 開始時」「フレーム毎」「Routine 終了時」のみだ
ということである. 1 つの実験に複数の Code コンポーネントを配置してそれぞれの
「実験開始時」にコードを書き込んだ場合, どれに書き込んだコードから実行されるか
は Builder の仕様では明確に規定されていないので, 実行順序が重要なコードは 1 つ
の Code コンポーネント内にまとめて書くことをお勧めする.

　本章では, 主に Code コンポーネントを使ってさまざまなフローや反応方法を実現
するテクニックを紹介してきた. 心理学実験には本当に多様な手続きがあり, Builder
のようなルーチンとループだけで構成するようなインターフェースで実現できる実験
手続きは限られている. しかし, ここまで紹介してきたテクニックを駆使すれば, 実
現可能な実験手続きの範囲は大きく広がる. ぜひ皆さんもあれこれ工夫をして自分の
実験を作成してほしい.

6 さらなるステップアップのために

 6.1 音声と動画の再生

Builder には音声を扱う Sound コンポーネントと，動画を扱う Movie コンポーネントというものがある．両者は使い方がよく似ているのでまとめて紹介する．Pavlovia 上に筆者のアカウント (hsogo) で demo_movie_sound というプロジェクトを公開しているので，そちらをフォークまたはダウンロードしてほしい．

demo_movie_sound では，sound_trial ルーチンにおいて Sound コンポーネントが使用されている．図 6.1 に Sound コンポーネントのアイコンとプロパティダイアログの「基本」タブの内容を示す．基本的には Image コンポーネントで画像ファイルを描画すると同様に，［音］に音声ファイルを指定して使用すると考えればよい．［音］にはアルファベットで音名を指定したり，周波数を指定したりすることもできる．複数の Sound コンポーネントを同時に再生することも可能なので，demo_movie_sound の前半で行っているような「750 Hz と 1000 Hz の複合音」のようなものは音声ファイルを使用せずに再生することも可能だが，オンライン実験では参加者が使用する機材のオーディオ性能が不明なので，実行時に音声を合成するよりも音声ファイルとして用意しておいたほうが確実であろう．

音声ファイルを用意するときに注意する必要があるのは，音声ファイルの形式である．オンライン実験の場合，どの形式のファイルを再生できるかは参加者の実行環境に依存しているため，できるだけ多くの実行環境で再生できる形式を選ぶ必要がある．PsychoPy 公式ドキュメントでオンライン実験用に推奨されているのは MP3 形式なのだが，困ったことに MP3 形式は Python で実行するときに再生できない．これは MP3 形式がプロプライエタリ，つまりオープンなライセンスではなかったため，PsychoPy のようなオープンソースソフトウェアで使用できなかったせいである (MP3 の特許保護期間は終了したため今後対応される可能性はある)．本書ではできる限り Python とオンラインの両方で動作する例を示すことを目標としているが，この demo_movie_sound に関しては MP3 で音声ファイルを用意しているのでオンライン (またはローカルデバッグ) でのみ実行可能である．

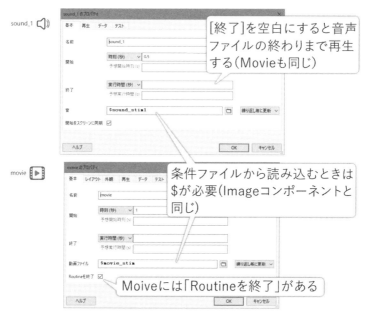

図 **6.1**   Sound コンポーネント (上段) と Movie コンポーネント (下段) のアイコンとプロパティ
ダイアログの「基本」タブ

demo_movie_sound では図 6.1 上に示すように Sound コンポーネントの [終了] を
空白としているが, [音] に音声ファイルを指定したうえで [終了] を空白にしておく
と, 音声ファイルの再生終了とともにコンポーネントが終了する. また, 音声ファイ
ルの長さより短い時間を [終了] に指定すると, 指定した時間が経過した時点で再生
が終了する. 実験の目的上, 異なる再生時間をもつ音声ファイルを複数使用しないと
いけない場合に, [終了] を空白にするテクニックは非常に有効である.「音声を聞い
た後にキーボードを使った反応ができるようになる」など, 再生終了と同時に何かを
実行しないといけない実験において, 使用する音声ファイルの長さが一定でない場合
は少々工夫が必要となる. もし音声再生終了とともにルーチンを終了してしまってよ
いのなら, 音声再生とその次の動作を別々のルーチンに分割してしまうのが簡単であ
る. ルーチンの分割が困難な場合は, Sound コンポーネントの status という属性を
利用できる. status にはコンポーネント開始前には NOT_STARTED, 開始後終了まで
は STARTED, 終了後は FINISHED という値が代入されているので,

```
1 | sound_2.status == FINISHED
```

という式が True になるかどうかで sound_2 という [名前] のコンポーネントが終了
したかどうかを判定できる. 行いたい処理が「この式が True になったらコンポーネ

図 **6.2** 指定した式が True になったときに開始，終了するように設定できる．

ントを開始する」だけの処理であれば，Code コンポーネントを使わなくても，図 6.2
に示すように対象となるコンポーネントの［開始］を「条件式」にして式を入力する
だけでよい．多くのコンポーネントでは［終了］にも条件式を指定できるので，「再生
終了とともにほかのコンポーネントを終了する」といったことも同様の方法で実現で
きる．demo_movie_sound では使用している音声ファイルの再生時間がすべて 0.5 秒
なので［開始］，［終了］に数値を直接設定することも可能だが，条件式を使う例とし
て「2 つ目の音声の再生開始」と「キーボードによる反応測定開始」に条件式を設定
しているので参考にしてほしい．

続いて demo_movie_sound の後半，movie_trial ルーチンに配置されている Movie
コンポーネントの解説に移ろう．図 6.1 下段に Movie コンポーネントのアイコンと
プロパティダイアログの「基本」タブの内容を示している．Sound コンポーネントと
同様，［動画ファイル］に動画ファイル名を指定して使用する．［終了］を空白にして
おくと動画再生終了とともにコンポーネントが終了する点も同じである．「レイアウ
ト」タブの［サイズ [w,h]］を空白にしておくと動画ファイルの本来の解像度で表示
される点については Image コンポーネントと同じである．Sound コンポーネントと
Image コンポーネントの使い方がわかっていれば，Movie コンポーネントで困ること
はあまりないだろう．

動画ファイルの形式について，PsychoPy の公式ドキュメントでは MP4 のコンテ
ナ，H.264 の動画コーデック，そして MP3 のオーディオコーデックの組み合わせが
推奨されている．音声ファイルとは異なり，映像，音声とも Python での実行，オン
ラインでの実行ともに再生できる．

movie_trial ルーチンで注目してほしいのは，Keyboard コンポーネントの使い方
である．movie_trial ルーチンに配置されている key_resp_m という名前の Keyboard
コンポーネントは，［Routine を終了］のチェックを外して［記録］を「全てのキー」
に設定してある (図 6.3 上)．この設定により，［検出するキー］にあげられているキー
を繰り返し押すと，そのすべてが記録される．実験データファイルでは，図 6.3 下のよ
うにキー名や反応時刻が [] で囲んだカンマ区切りで出力される．実験実行中に Code
コンポーネントを使ってキー名や反応時刻にアクセスする場合は，例えば最初に押した
キー名なら key_resp_m.keys[0]，最後にキーを押した時刻なら key_resp_m.rt[-1]

といった具合にする. この設定を利用した場合は Keyboard コンポーネントでルーチ
ンを終了することができないので，ルーチンを終了できるほかのコンポーネントを利
用するか，[終了] に時間または条件を指定する必要がある. movie_trial ルーチンで
は Movie コンポーネントに [Routine を終了] があるので (図 6.1)，こちらを利用し
てルーチンを終了している.

なお，1 つのルーチンに Keyboard コンポーネントを複数置くことができるので，
「ルーチンを終了できるほかのコンポーネント」として 2 個目の Keyboard コンポーネ
ントを使うという方法もある. 例えば key_resp_1 と key_resp_2 の 2 つの Keyboard
コンポーネントを置き，key_resp_1 ではカーソルキーの左右を [検出するキー] に指
定して [Routine を終了] のチェックを外し，key_resp_2 ではスペースキーを [検出
するキー] に指定して [Routine を終了] のチェックを入れておけば，カーソルキー
の左右が押されたことを繰り返し記録しつつ，スペースキーでルーチンの終了を行う
ことができる.

 6.2 スライダー

心理学実験では刺激を 3 段階や 5 段階で評定させることが時々ある. こういった
反応を測定するときに利用できるのが Slider コンポーネントである. 非常に便利な
コンポーネントであるが，一方で Python とオンラインでの動作の違いが大きいため
注意を要するコンポーネントでもある. Pavlovia 上に筆者のアカウント (hsogo) で
demo_slider というプロジェクトを公開しているので，そちらをフォークまたはダウ

148   6. さらなるステップアップのために

ンロードしてほしい．なお，本節では冗長な記述を避けるため，Slider コンポーネントによって画面上に描かれるものを見た目にかかわらずまとめて「スライダー」と呼ぶことにする．

demo_slider は sample1, sample2 という 2 つのルーチンで構成されている．sample1 ルーチンでは，slider_1 から slider_6 まで 6 個の設定が異なる Slider コンポーネントを配置してあり，実行すると図 6.4 のように画面上にスライダーが 6 個表示される．一番上に表示されているのが slider_1 で，以下番号順にレイアウトされている．Slider コンポーネントには Keyboard コンポーネントのように [Routine を終了] があり，反応したらただちにルーチンを終了させることができるが，このサンプルでは繰り返し操作して動作を確認してもらえるように [Routine を終了] のチェックをすべて外してある．

6 個のスライダーの左下には，スライダーの動作がわかりやすいようにリアルタイムでスライダーの値が表示されている．右下には「次へ」と書かれたボタンが Text コンポーネントと Polygon コンポーネントを用いて描かれており，次のルーチンへ進みたいときはこちらをクリックする．

それでは 6 個のスライダーの設定について詳しくみていこう．Slider コンポーネントを配置してレイアウトを一切変更せずに実行するとかなり大きなスライダーが描かれるので，このサンプルでは 6 個のスライダーを画面におさめるために「レイアウト」タブの [サイズ [w,h]] を (0.5, 0.02)，「書式」タブの [文字の高さ] を 0.03 に設定している．スライダーの線の太さや目盛の大きさは [サイズ [w,h]] に応じて自動

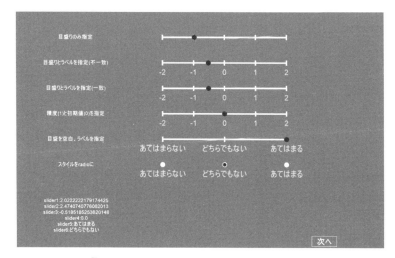

図 6.4　demo_slider の実行画面 (sample1 ルーチン)

表 **6.1** demo_slider におけるスライダーの設定

スライダー	設定
slider_1	[目盛] を設定. [ラベル] は空白, [精度] は 0, [初期値] は空白 (いずれも初期値のまま).
slider_2	slider_1 をもとに [ラベル] を設定. [ラベル] の値は [目盛] と一致していない.
slider_3	slider_2 をもとに [ラベル] と [目盛] の値が一致するように [目盛] を変更.
slider_4	slider_3 をもとに [精度] を 1, [初期値] を 0 に設定.
slider_5	slider_1 をもとに [目盛] を空白にして [ラベル] に文字列を設定.
slider_6	slider_5 をもとに「外観」タブの [スタイル] を radio に変更.

的に決定され, ラベルの文字の大きさは [文字の高さ] によって決まる. そのうえで, 表 6.1 のようにプロパティを変更している.

まず slider_1 は横線に 5 つの目盛がつけられていて, 目盛位置に限らず線上の自由な位置をクリックしてマーカーを置くことができる. 左下のスライダーの値の表示を確認すれば, 目盛の左端が 1.0, 右端が 5.0 であることが確認できるはずだ. 目盛の個数とその値は [目盛] に (1,2,3,4,5) と指定していることに対応している. そして目盛の位置以外にマーカーを置くことができるのは [精度] が 0 であることに対応している. [精度] は 1 にすれば整数の値のみ, 0.1 にすれば 0.1 刻みといった具合にマーカーを置くことができる位置の間隔を指定する. 0 を指定すると実験の実行環境において最小の間隔となる. 連続的な値を回答させたい場合は 0 に設定するとよい.

slider_2 と slider_3 は目盛にラベルを設定する例である. slider_2 では [目盛] が (1,2,3,4,5) であるにもかかわらず, [ラベル] が-2,-1,0,1,2 に設定されている. この場合, 目盛には左から順に -2, -1, … と表示されるが, 値は [目盛] で設定したものとなる (左下のリアルタイム表示で確認してほしい). [目盛] には負の値や不均等な値を設定できるので, slider_3 のように [目盛] も (-2,-1,0,1,2) にしてやれば目盛と値を一致させることができる.

slider_4 は [精度] を 1 にして, 整数の位置にのみマーカーを置けるようにした例である. ついでに [初期値] を 0 に設定しているが, 初期値が有効になるのは現時点 (バージョン 2021.2.3) では Python で実行した場合のみである. オンラインで実行すると, 残念ながら [初期値] を設定していない場合と同じになる. 両環境で実行して比較してみてほしい.

slider_5 はカテゴリカルな尺度を実現する例である. [目盛] を空白にして [ラベル] に文字列をカンマ区切りで並べると, カテゴリカル尺度となる. 左下のリアルタイム表示で確認してほしいのだが, きちんと値として [ラベル] に設定した文字列が得られることがわかる. 実験データファイルでもラベルが値として保存される. ただし, 残念なことにこの設定は現時点ではオンライン実験でうまく機能しない. ローカルデバッグで実行してみるとわかるが, ラベルが 3 項目しかないのに目盛が 5 個描かれる

し，尺度の中間的な位置にマーカーを置くことができてしまう．また，左下のリアル
タイム表示で確認しても，ラベルではなく数値が得られていることがわかる．この値
をよくみると，空白にした [目盛] に初期値である (1,2,3,4,5) が補われているのが
わかる．現状，オンライン実験ではラベルで記録することをあきらめて，[目盛] に
(0,1,2) といった具合にラベルと同じ個数の数値を並べ，[精度] を 1 にして数値と
して記録するしかない．

slider_6 は slider_5 と同じ設定で，「外観」タブの [スタイル] を radio に変更した
例である．使用場面によってはこちらの外観のほうがよいだろう．「外観」ではほかの
スタイルを選択したりラベルやマーカーの色を指定したりできるので，各自でいろい
ろと試してほしい．

以上で sample1 ルーチンの 6 個のスライダーについて解説したが，おそらく読者の
中には「左下のリアルタイム表示はどうやって実現しているんだ」と思っている方が
おられるに違いない．これは sample1 ルーチンに配置してある code_1 に入力された
コードで実現されているが，sample2 ルーチンを先に説明したほうがわかりやすいの
で後で触れる．

さて，sample1 ルーチンでは，個々のスライダーを自由に操作できるように [Routine
を終了] のチェックをすべて外して，画面右下に配置したボタンをクリックしてルーチ
ンを終了するようにした．この方法には大きな問題が 1 つあって，未回答のスライダー
が残っていてもボタンを押してルーチンを終了できてしまう．すべてのスライダーに
回答してからでなければボタンを押してもルーチンが終了しないようにするにはどう
したらいいだろうか．sample2 ルーチンでは，ひとつの解決策を示す．

sample2 ルーチンには Slider コンポーネントが 2 個配置してあり，いずれも [Routine
を終了] のチェックは外してある．そして右下に Polygon コンポーネントと Text コ
ンポーネントで作ったボタンを配置してある (図 6.5)．ここまでは sample1 ルーチン
と同じである．しかし，実際に demo_slider を実行してこの画面まで操作して試して

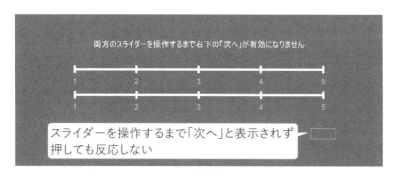

図 **6.5** demo_slider の実行画面 (sample2 ルーチン)

ほしいのだが，右下のボタンの内側の文字が表示されておらず，クリックしてもルーチンが終了しない．2個のスライダーの両方を操作するとボタンの内側に「次へ」と表示され，この状態でボタンをクリックするとルーチンが終了する．

この動作を実現しているのは sample2 ルーチンに配置されている code_2 という Code コンポーネントである．code_2 の [コードタイプ] は Both に設定されていて，「フレーム毎」タブの Python 用コード入力欄にコード 6.1 のようなコードが入力されている．

コード 6.1   スライダーを操作するまでボタンが反応しないようにするコード

```
1  if slider_7.getRating() is not None and slider_8.getRating() is not
       None:
2      button_label_2.color='white'
3      if mouse_2.isPressedIn(button_2):
4          continueRoutine = False
5  else:
6      button_label_2.color = 'gray'
```

ポイントは 1 行目である．スライダーは getRating() というメソッドが用意されており，実行すると現在のマーカーの値を得ることができる．Python で実行している場合，カテゴリカル尺度だとラベルの値が得られるが，先述の通りオンライン実験では数値として値が得られる．注意が必要なのはルーチン開始直後のマーカーがまだ置かれていない状態のときで，Python では None という値が返される．本書では Python の文法には深く踏み込まないが，一般に None は「値がない」ことを表すために用いられる．したがって，slider_7 と slider_8 の getRating() がどちらも None でなければ，両方のスライダーを少なくとも一度は操作したことが判別できる．

Python では値が等しくないことを != で表す．つまり「x と y は等しくない」という式は x != y と書く．しかし，None は通常の値ではないため，「x が None ではない」ことを表す式は x is not None と書く．「x が None である」は x is None と書く．ここで is は「同一のものである」ことを表す演算子である．

話をコード 6.1 に戻そう．1 行目の if 文の式は slider_7.getRating() と slider_8.getRating() が両方とも None でないときに True になる．したがって，2 行目以降ではボタンでのルーチン終了を有効にする処理を行えばよい．2 行目で button_label_2 の color という属性に 'white' という値を代入しているのは，変数を使わずに直接 button_label_2 の [前景色] を変更するテクニックである．6.4 節の表 6.9 に掲載されている属性のうち，変更不可でないものは同様にコードを使って更新できる．前章までのように button_label_2_color といった変数を用意して，button_label_2 のプロパティダイアログの [前景色] にこの変数を指定して更新を「フレーム毎」に設定してもよい．3～4 行目では，マウスカーソルが button_2 の中にある状態でマウ

スがクリックされたかを判定して,真ならば continueRoutine を False にしてルーチンを終了する.この処理は前章の応用なので,わからなければ前章 (特にチュートリアル 2) を復習してほしい.

5 行目の else 以降はまだボタンを有効にできないときに実行するコードで,コード 6.1 では button_label_2 の [前景色] を 'gray' に設定している.getRating() がいったん None 以外の値になったら None に戻ることはないので button_label_2 のプロパティダイアログの [前景色] に gray と初期値を設定しておけば else 以下は不要なのだが,念のため残してある.

以上がコード 6.1 によって行われる処理だが,このコードが意図した通りに機能するには 1 つ忘れてはいけない点がある.それは「ルーチンに配置してある Mouse コンポーネント (mouse_2) でルーチン終了判定を行ってはいけない」ことである.もし mouse_2 の [ボタン押しで Routine を終了] がチェックされていると,コード 6.1 とは独立にルーチン終了のフラグがセットされてしまう.mouse_2 のプロパティダイアログを開いて,[ボタン押しで Routine を終了] のチェックが外れていることを確認しておこう.

ところで,demo_slider を実際に Builder で開いて code_2 を確認した人は気づいているかもしれないが,code_2 の [コードタイプ] は Both に設定されている.なぜそうしているかというと,コード 6.1 を Auto->JS で自動変換したコードが期待通りに動作しないからである.本章は「ステップアップ」なので踏み込んだ話をすると,問題の原因は,自動変換では Python の None が JavaScript の null に変換される点にある.具体的に書くと,slider_7.getRating() is not None は slider_7.getRating() !== null というコードに変換される.一方,JavaScript 版の getRating() は null ではなく undefined という値を返すので,コード 6.1 と同じ動作にするためには slider_7.getRating() !== undefined と変換されなければならない.そのため,筆者が demo_slider を作成した際にはまず Auto->JS で JavaScript にコードを変換させた後,[コードタイプ] を Both に変更して手作業で null を undefined に変更するという方法をとっている.

以上を踏まえ,先送りになっていた sample1 ルーチンの左下に表示しているスライダーの値のリアルタイム表示を実現するコードについて解説しよう.sample1 ルーチンに配置してある code_1 は,code_2 と同様 [コードタイプ] に Both が指定されている.そして Python 側のコードにはコード 6.2 が入力されている.

コード **6.2** スライダーの値をリアルタイム表示するためのコード

```
1  sliders = [slider_1, slider_2, slider_3, slider_4, slider_5, slider_6]
2  slider_values = ''
3  for i in range(6):
4      slider_values += 'slider'+str(i+1)+':'
```

```
5        if sliders[i].getRating() is None:
6            slider_values += 'None\n'
7        else:
8            slider_values += str(sliders[i].getRating()) + '\n'
```

　slider_values という変数に 1 行目に空文字列 (文字がない文字列) を代入してお
き，for 文で各スライダーの値を取り出して文字列に変換してどんどん継ぎ足すという
処理である．値が None か否かで場合分けが必要なので if 文を併用している．本書の
ここまでの解説で出てきていないのは，まず 6 行目と 8 行目に出てくる '\n' である．
これは改行文字といって，この文字の位置で次の行になることを表している．3 行目
の range() は連続した数値を生成するオブジェクトで，range(6) と書くと 0〜5 の
6 個の整数が得られる．よく for 文と組み合わせて用いられる．

　code_1 の [コードタイプ] が Both に設定されているのは，code_2 と同様 5 行目
の sliders[i].getRating() is None の None の自動変換に問題があるためである．
[コードタイプ] を Auto->JS にした状態でコード 6.2 を入力してから Both に変更
し，null を undefined に書き換えればコードは動く．ただ，ある程度 Python のプ
ログラミングに慣れている人なら，コード 6.2 の書き方には違和感を覚えるのではな
いだろうか？ というのも，コード 6.2 の処理はもっとシンプルにコード 6.3 のように
書けるからである．

コード 6.3　コード 6.2 と同等の処理を行うコード

```
1  slider_values = ''
2  for i, slider in enumerate([slider_1, slider_2, slider_3, slider_4,
       slider_5, slider_6]):
3      slider_values += 'slider{}:{}\n'.format(i+1, slider.getRating())
```

　なぜ demo_slider ではこう書いていないかというと，このコードは Auto->JS の自動
変換で変換できないからだ (バージョン 2021.2.3 で確認)．具体的には enumerate()
や format() メソッドは変換自体不能だし (Syntax error，つまり構文エラーと判定さ
れてしまう)，for 文で代入された変数からのメソッド呼び出しもうまく変換できない．
Auto->JS が実装されたのは 2020 年 2 月リリースの 2020.1 で，それから 2021.2.3
のリリースまでの約 1 年半の間に Auto->JS の機能は飛躍的に向上してきている．本
書で紹介したコードの大部分は 2020.1 では自動変換では動作しないため，1 年前に本
書を執筆していたら紹介できたコードはもっと限られていただろうし，なんとか自動
変換を通すために「ごちゃごちゃした」コードとなっていたはずだ．しかし，なお自
動変換できるコードは限られており，「どのようなコードが正しく変換できるのか」を
試行錯誤しながら使用していく必要がある．

6.3 フ ォ ー ム

前節の demo_slider のように複数のスライダーをもつ画面をゼロから自分で作って
みようとすると，きっとスライダーやテキストの大きさや位置の調整が面倒くさくて
うんざりするはずだ．Builder では，多数の質問文とスライダーを並べた画面を一気
に作成する Form コンポーネントの開発が進められている．現時点では未実装な機能
もあるが，用途によっては実用になるので簡単に紹介しておく．内容はシンプルなの
でサンプルプロジェクトがなくても作業できると思うが，Pavlovia 上の筆者のアカウ
ント (hsogo) で demo_form というプロジェクトを公開しているので，必要があれば
ダウンロードまたはフォークしてほしい．

図 6.6 に Form コンポーネントのアイコンとプロパティダイアログの「基本」タブ
を示す．プロパティダイアログではレイアウトや外観などの設定のみを行い，質問項
目はすべて CSV または xlsx ファイルで記入して「基本」タブの [項目] に指定する．
質問項目の定義ファイルは条件ファイルのように「1 行目が見出し (パラメータ)，2 行
目以降に 1 項目につき 1 行」の形式で作成するが，条件ファイルとは異なり必要な見
出しが決まっている．[項目] の入力欄の右端に並んでいる 2 つのボタンのうち，右側
のボタンをクリックすると必要な見出しが入力済みの xlsx ファイルを作成してくれる
ので，この機能を活用するといいだろう．

表 6.2 に項目定義ファイルの各パラメータの内容を示す．type で質問の種類を指定

図 6.6　Form コンポーネントのアイコンとプロパティダイアログの「基本」タブ．[項目] の入
力欄の右端にあるボタンをクリックすると必要な見出しが入力済みの xlsx ファイルを作
ることができる．

表 **6.2**　Form の項目定義ファイルのパラメータ (バージョン 2021.2.3)

パラメータ	設定
index	項目の順序を示す数値を入力する．「基本」タブの [無作為化] をチェックするとこの値に関係なく無作為な順序となる．
itemText	質問文を入力する．
type	heading (見出し)，description (説明文)，rating (離散量の尺度)，slider (連続量の尺度)，free text (文字入力)，choice (カテゴリカル尺度) のいずれかを指定する．
options	choice のときに選択項目を指定する．また，free text のときにここに文字列を入力しておくとオンライン実験時に未入力状態の入力欄に表示される．その他の場合は空白でよい．
ticks	rating，slider のときに目盛位置を指定する．choice のときは空白にする．
tickLabels	rating，slider のときに目盛につけるラベルを指定する．2 つだけ指定すると両端にラベルがつく．choice のときは空白にする．
layout	horiz なら横向き，vert なら縦向きになる．
itemColor	質問文の色を指定する．
itemWidth	質問文の表示欄の幅を指定する．
responseColor	回答欄の色を指定する．
responseWidth	回答欄の表示幅を指定する．
granuality	現在のバージョン (2021.2.3) では機能しない．空白のままで問題ない．
font	フォントを指定する．空白にするとデフォルトのフォントが使用される．

し，その種類に応じて必要な項目を入力するという流れで作業するとよいだろう．見出し (heading) や説明文 (description) は不要なら省略しても問題ない．Textbox コンポーネントと同様，Python での実行においては日本語フォントの表示や日本語の文字入力に問題がある．適切なフォントを指定すれば表示の問題は解消できるが，日本語の入力については現時点では対処方法がなく，実用的ではない．オンラインでの実行の場合は日本語の表示，入力とも問題ない．色に関する設定は Form コンポーネントのプロパティダイアログにある「外観」タブの [スタイル] の影響も受けるのだが，現バージョンでは [スタイル] が正しく機能していないようである．なお，表 6.2 の表題にわざわざバージョン 2021.2.3 と入れているのは，2019 年に筆者が web 上で Form コンポーネントの解説を書いたときとパラメータが一部異なっているからである．例えば当時のバージョンでは itemText は questionText という名称であった．今後項目名の変更があるかどうかはわからないが，こういった点も Form コンポーネントが開発中であることを窺わせる．

　demo_form をオンライン実験で実行した例を図 6.7 に示す．この図が示すように，質問項目が多くて画面に入りきらない場合，右側に自動的にスクロールバーが表示される．スクロールバーを操作すれば表示されていない項目を表示させることができる．

　以上，簡単に Form コンポーネントを紹介してきたが，このコンポーネントはどのように使うべきだろうか？ 実験開始前に参加者に関する情報を入力してもらう用途で

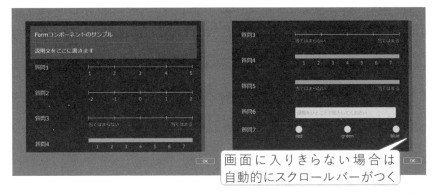

図 **6.7**　demo_form をオンラインで実行した様子．すべての項目が画面に入りきらないので，実行直後の状態 (左) とスクロールバーを操作して後半の項目を表示した状態 (右) を示している．

あれば，筆者としては 3.5 節で紹介した HTML のフォームからの埋め込みをお勧めする．柔軟性や信頼性などの点において HTML フォームのほうが圧倒的に上である．実験終了時に質問に回答してもらいたい場合は，5.4.6 項の Google フォームを呼び出す方法のほうが柔軟性は高いが，データファイルが Pavlovia と Google フォームに分散してしまうデメリットを考えると Form コンポーネントを検討する価値があるだろう．試行毎やブロック毎のように実験の途中で質問する必要がある場合，項目数が少なければ Textbox コンポーネントや Slider コンポーネントのほうが信頼できるが，項目数が多い場合は Form コンポーネントが便利だろう．

 ## 6.4　ローカルとオンラインで使用できる主な関数，メソッド，属性等

本書でここまでに取り上げてきたものを中心に，Auto->JS による自動変換に対応している主な Python の関数，メソッド，属性等を表 6.3〜表 6.10 に示す．Python とJavaScript で動作が異なるものについては表の概要に記しておいた．詳しく学びたい人は，Python と JavaScript についてはそれぞれの入門書，PsychoPy のコンポーネントやループ，ルーチン等については『PsychoPy でつくる心理学実験』や「PsychoPyBuilder で作る心理学実験」を参考にしてほしい．

　ここに紹介している範囲でもかなりの処理を書くことができるはずだが，Code コンポーネントでほかのパッケージを import するようなコードを書いていた場合はJavaScript への対応は難易度が高くなりがちである．具体的には numpy や scipy，pandas といった科学計算やデータフレーム操作を行うパッケージが利用されていることが多いのではないかと思うが，これらはすべて現時点では JavaScript に互換ラ

表 6.3　演算子

演算子	概要
x + y	x と y が数値のときは足し算, 文字列やリスト等の場合は連結したものを返す. x-y は引き算, x*y は掛け算, x/y は割り算である. Python では*を文字列やリスト等に使うことができるが, 自動変換に対応していない.
x += y	x + y の結果を x に代入する. x -= y, x *= y, x /= y も同様に x - y, x * y, x / y の結果を x に代入する.
x % y	x を y で割った余りを返す.
x == y	x と y が等しいときに True となる. x = y と間違えやすい. x != y とすると等しくないときに True になる.
x is y	x と y が同一であるときに True となる. None と比較するときに使うと覚えるとよい.
x >= y	x が y 以上のときに True になる.「x が y より大きい」は x > y,「x が y 以下」は x <= y,「x が y 未満」は x < y と書く.
x and y	x と y がともに True であるときに True になる (論理積).
x or y	x と y のどちらか一方が True であるときに True になる (論理和).
not x	x の論理値を反転する (否定). つまり x が True なら False, False なら True になる.

表 6.4　データ変換

関数	概要
int(x)	x を整数に変換する. 数値を表す文字列を数値に変換するときに役立つ. 文字列ではなく小数を整数に変換することにも使えるが, この場合端数は切り捨てられる.
float(x)	x を浮動小数点数に変換する. 数値を表す文字列を数値に変換するときに役立つ.
str(x)	x を文字列に変換する. 数値を文字列とつなぎ合わせて Text コンポーネントで表示したい場合などに役立つ.

イブラリがないし, そう簡単に開発できるものではないので将来的にも自動変換できるようにはならないだろう. 自分で同等の処理を行う JavaScript ライブラリを探すか, 場合によっては自分で書くしか対処方法はない. 実験実行時にリアルタイムに行うことが不可欠な処理でなければ, 実験からその処理を切り離すことができないかも検討すべきであろう.

なお, PsychoPy のユーザーコミュニティである PsychoPy Discourse (https://discourse.psychopy.org/) に PsychoPy Python to Javascript crib sheet (https://discourse.psychopy.org/t/psychopy-python-to-javascript-crib-sheet/14601) というスレッドがある. Python から JavaScript への変換の際に役立つ情報がまとめられているので, 本書で紹介している範囲だけでは不足する場合は読んでみることをお勧めする.

表 **6.5** リスト等の操作

演算子	概要
y in x	y が x に含まれていれば True を返す.
x[a:b]	x の要素を抜き出す (スライス). 5.3.3 項参照.

関数	概要
len(x)	x の要素数を返す. 5.3.5 項参照.
shuffle(x)	x の要素を無作為に並べ替える. 5.2.7 項参照.
range(f,t,s)	f から t までの s ずつ増加する数列を返す (t は含まない). s を省略すると 1 になる. また, Python では s に負の値を指定できるが JavaScript ではできない. f のみが指定された場合は 0 から f まで 1 ずつ増加する数列となる. Python では数列そのものではなくジェネレーターオブジェクトを返す点に注意.

メソッド	概要
x.append(y)	x の末尾に y を追加する. 5.3.3 項参照.
x.pop()	x の末尾の要素を削除して返す. Python では引数で何番目の要素を取り出すか指定できるが JavaScript では無視される. 少々面倒だがスライスを使って x[:3]+x[4:] のようにすると x[3] を除いたリストが得られる.
x.sort()	x の要素を昇順に並べ替える. Python では引数 reversed = True で降順に並び替えできるが, Auto->JS による変換には対応していない.

表 **6.6** 数学関数

関数	概要
abs(x)	x の絶対値を返す.
min(x1,x2,...)	x1,x2... の最小値を返す. Python では min([1,3,2]) のようにリスト等を渡して最小の要素を得ることができるが JavaScript では NaN になるので注意.
max(x1,x2,...)	x1,x2... の最大値を返す. min() 同様 JavaScript ではリスト等を渡すと NaN になるので注意.
log(x)	自然対数を底とする x の対数を返す.
pow(x,y)	x の y 乗を返す.
sqrt(x)	x の平方根を返す.
sin(x)	x の正弦 (サイン) を返す.
cos(x)	x の余弦 (コサイン) を返す.
tan(x)	x の正接 (タンジェント) を返す.
pi	円周率 (関数ではなく定数である).
sum(x)	x の合計を返す (x はリスト等).
average(x)	x の平均値を返す (x はリスト等). x が空のとき, Python では nan となるが JavaScript では 0 となる.
random()	0.0 から 1.0 の疑似乱数を返す. 5.2.7 項参照.
randint(a,b)	a 以上 b 以下の整数の疑似乱数を返す. b 未満ではないので注意. 5.2.7 項参照.
round(x)	x を整数に丸めた値を返す. Python では端数が 0.5 であったときに偶数になるように丸める (「銀行家の丸め」) が, JavaScript では四捨五入となるので注意が必要である. また, Python では第 2 の引数で丸めを行う桁を指定できるが JavaScript では無視される.

表 6.7 　キーボード関連

属性	概要
k.keys	Keyboard コンポーネント k によって検出されたキー名が代入されている. Keyboard コンポーネントの [記録] が「全てのキー」に設定されている場合，検出された順番にキー名が並んだリストが代入されている.
k.rt	Keyboard コンポーネント k によってキー押しが検出された時刻が代入されている (単位は秒). Keyboard コンポーネントの [記録] が「全てのキー」に設定されている場合，検出された順番に時刻が並んだリストが代入されている.

表 6.8 　マウス関連

メソッド	概要
m.getPos()	マウス m のカーソルの座標を返す (m は Mouse コンポーネントの [名前] と考えればよい).
m.getPressed()	マウス m のボタンの状態を 3 つの数値を並べたリストとして返す. リストの第 1 要素から順番に左ボタン，中央ボタン，右ボタンに対応し，値は押されていなかったら 0，押されていたら 1 である.
m.getWheelRel()	マウス m のホイールの状態を返す. 動いていなければ 0，動いていれば 0 以外の値となるが，符号や絶対値などはマウスに依存する.
m.isPressedIn(s)	マウス m のカーソルが視覚刺激 s の内部にある状態でボタンが押されていれば True を返す. 5.2.4 項参照.

表 6.9 　コンポーネントの主な属性とメソッド

属性	概要
stim.status	コンポーネント stim の状態を表す. NOT_STARTED, STARTED, FINISHED のいずれかで，それぞれ開始前，実行中，終了後を表す. コードを使って変更してはいけない.
stim.name	[名前] に対応する. コードを使って変更してはいけない.
stim.pos	[位置 [x,y]] に対応する.
stim.size	[位置 [w,h]] に対応する.
stim.ori	[回転角度] に対応する.
stim.color	[前景色]，[色] などに対応する.
stim.fillColor	Polygon コンポーネントのように輪郭と塗りつぶしで異なる色を指定できるコンポーネントにおける塗りつぶし色に対応する.
stim.lineColor	Polygon コンポーネントのように輪郭と塗りつぶしで異なる色を指定できるコンポーネントにおける輪郭の色に対応する.
stim.text	Text コンポーネントの [文字列] に対応する.
メソッド	概要
stim.contains(p)	座標 p が視覚刺激 stim の内部に含まれていれば True を返す.

表 **6.10**　ループとルーチンの制御に関する属性等

属性	概要
lp.thisN	ループ lp の現在の繰り返し回数を表す．最初の繰り返しの実行中は 0 である．5.3.2 項参照．
lp.finished	現在の繰り返しが終了した時点でループ lp の実行を終了するフラグ．中断したいときに True を代入する．5.3.4 項参照．
メソッド	概要
lp.addData(name,val)	ループ lp の出力データに name という列を追加して val という値を出力する．5.2.6 項参照．
内部変数	概要
continueRoutine	ルーチンを次のフレーム以降も継続するフラグ．ルーチンを中断したいときに False を代入すればよい．5.4.4 項参照．

6.5　実験データファイルの日本語が文字化けする場合の対策

　PsychoPy と Pavlovia は世界中のさまざまな言語環境で動作するように開発されているが，開発チームには英語環境を利用しているメンバーが多いため，新機能が導入されたときに英語以外の環境への対策が不十分で問題が生じることがたびたびあった．現在では Textbox コンポーネントや Form コンポーネントにおけるフォントの問題があげられる．この種のトラブルの中で特に初心者の人々を驚かせるのが，実験データファイルの文字化けである．実験の教示や刺激の日本語は正常に表示されているのに，実験を終えてファイルを開いてみると中身が滅茶苦茶になっていたら焦ってしまうだろう．だが，実はほとんどの場合，これは実験データファイルを開くソフトウェア (大抵この問題を起こすのは Microsoft Excel) が文字コードを誤って判別しただけで，データそのものは正しく保存されている．

　PsychoPy において，実験データファイルやログファイルなどのテキストファイルはすべて UTF-8 という文字コードを使って出力される．文字コードとは文字と番号を対応づけた暗号表のようなもので，例えばひらがなの「あ」は UTF-8 では e38182 という 16 進数に割り当てられている．データファイルにはこの e38182 というコードが保存されていて，読み込むときに「e38182 だから『あ』だ」と解読する．保存するときと読み込むときで異なる暗号表を使ってしまったら，読み込み結果が無茶苦茶になってしまうのは当然である．

　というわけで，UTF-8 でファイルを読み込むことができれば問題は解決するのだが，方法はいくつかある．Excel だけで済ませる場合，図 6.8 上のように Excel の「データ」リボンの「データの取得」にある「テキストまたは CSV から」という項目をクリックする．ファイルの選択ダイアログが開くので，文字化けしてしまう実験データファイルを選択しよう．すると図 6.8 下のように読み込み結果のプレビューが表示さ

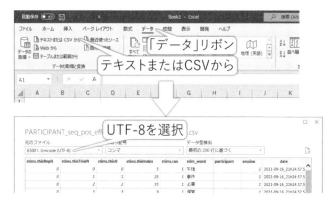

図 6.8　Excel で CSV ファイルを UTF-8 で読み込む.

れ，その上に「元のファイル」という欄があって自動判別された文字コードが表示さ
れているが，文字化けしているならここが UTF-8 以外となっているはずである (日本
語版 Windows なら大抵は「シフト JIS」). UTF-8 に変更してプレビューの下にある
「読み込み」をクリックすると，UTF-8 で読み込むことができる.

　インターネットを「Excel CSV UTF-8」といったキーワードで検索するといろい
ろな方法が出てくるので，自分にとってやりやすい方法を探してみてもいいだろう.

 6.6　オンライン実験のデバッグに関するヒント

　実験を作成してみたものの，エラーが出たり思っていた通りに動作しなかったりと
いうことは珍しくない. プログラムの問題を探し出し修正する作業のことを「デバッ
グ」というが，問題が発生する理由はユーザーにはどうしようもできないソフトウェ
アのバグから単なるタイプミスまでさまざまであり，「このようにすれば問題は解決
する」といえる万能のデバッグ手順は残念ながら存在しない. とはいえ，多くの場合
「実行中のどの時点で問題が生じているのか」を特定できればそこから解決の糸口が掴
める. 本節では，問題が生じている場所を特定するために知っておくとよいことを 2
つ紹介する.

　1 つ目は，各コンポーネントのプロパティダイアログにある「テスト」タブである.
このタブには [コンポーネントの無効化] という項目があり，これにチェックを入れる
と一時的にそのコンポーネントが「配置されていない」ものとして扱われる (図 6.9).
もう少し具体的にいうと，Builder が実験実行用のスクリプトを出力するときに，[コ
ンポーネントの無効化] をチェックしたコンポーネントに関するコードが一切出力さ
れなくなる. 「こいつが怪しいのではないか」というコンポーネントを無効にして実行

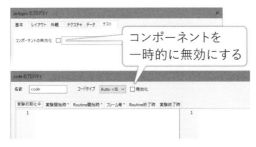

図 **6.9** コンポーネントを一時的に無効にする.

し，問題の状況がどのように変化するかを確認していけば，エラーの原因となっているコンポーネントを絞り込むことができる.

なお，Code コンポーネントには「テスト」タブがなく，[コードタイプ] の右側にある [無効化] というボックスをチェックすることで無効化できる.Code コンポーネントを無効にしてしまうとほかのコンポーネントで利用している変数の定義がなくなってしまって別の問題が生じる可能性が高いので，別途 code_debug などといったコンポーネントを配置して，そちらにデバッグ専用のコードを書き込むという方法をとるといいだろう.Builder の実験の場合は条件ファイルに問題が潜んでいることも多いので，条件ファイルについても同様にデバッグ用のものを用意するとよいかもしれない.

2つ目は，web ブラウザの JavaScript コンソールである.Edge, Chrome, Firefox といったブラウザは，キーボードの F12 キーを押すと図 6.10 のような JavaScript コンソールを表示できる.デバッガ (デバッグを支援するアプリケーション) を使いこなす技術があればここでかなりの検証作業ができるが，コンソールに表示されているメッセージを眺めているだけでも実験のプログラムがどのように進行し，そしてどこで停止したのかがわかる.自分ではエラーメッセージが何を意味しているかわからなくても，プログラミングに詳しい人に相談する際に「教示画面までは表示されたんですがその直後に止まってしまいました」程度の情報しかないのと，「JavaScript コンソールにこういうエラーが表示されていました」といった情報があるのとでは，相談される側の負担がまったく異なる.また，研究職などを目指していて自分で問題を解決できるようになりたいのなら，エラーメッセージがどのような意味なのかを自分で考えたり，エラーメッセージをインターネットで自分で検索してみたりすることを強くお勧めする.

図 **6.10**　ブラウザの JavaScript コンソール表示．このスクリーンショットは Chrome だが，
Edge や Firefox にも同様の機能が備わっている．

 6.7　機関ライセンスに関する補足

本書は Builder を使って Pavlovia で動作するオンライン実験を作ることについて解
説してきたが，最後に機関ライセンスの管理者の業務について触れておきたい．筆者は
機関ライセンス管理者ではないためスクリーンショットを撮って本書に掲載すること
はできないが，Pavlovia 公式ドキュメント (https://pavlovia.org/docs/credit-
license/licenses) にスクリーンショットがあるので，実際にどのようなページレイ
アウトなのかはそちらをご覧いただきたい．

機関ライセンスを購入する際に管理者として登録されたアカウントで Pavlovia にロ
グインすると，Dashboard に License というタブが表示される．ここでは Pavlovia
で実行する際に最初に表示される実験情報ダイアログのアイコンの変更や，実験の承
認 (approval) を行うことができる．

実験の承認とは，3.4 節で実験を実行可能 (run) にする手順を解説したときにも少
し触れたように，機関ライセンスの対象となるユーザーが作成した実験を実行する許
可を与える手続きである．初期状態では承認の手続きが不要な状態となっており，機
関ライセンス対象のユーザーは自由に実験を run にすることができる．Dashboard
の License タブの左下にある Approval という欄をクリックすると，承認項目を追加
できる．

　承認項目を追加した直後から，機関ライセンス対象となるユーザーの実験はすべて
「未承認」の状態となり，実験を実行することはできなくなる (pilot はできる)．そし
て管理者の Dashboard の License タブには，未承認の実験の一覧が表示される．そ
れぞれの実験には実行を承認するかどうかをチェックするボックスがあり，このボッ
クスがチェックされて初めて実験は実行可能となる．

　研究結果を学会発表したり論文にしたりする際に所属機関の倫理審査委員会等の承
認が求められる現状を鑑みると，審査を受けて承認された時点で初めて Pavlovia 上で
承認するという運用が考えられる．一方，大学の実習の授業などで受講生たちが作成
した実験を実行させたい場合などは，それらをいちいち管理者が承認するという運用
は現実的ではないかもしれない．現時点では「特定の機関ユーザーは承認なしで実験
を実行可能にできるが，ほかのユーザーは承認が必要」といった運用はできない．そ
れぞれの機関の事情に応じて，管理者による承認を導入するかどうか検討することに
なるだろう．

　なお，現時点では，機関から転出したユーザーの Pavlovia アカウントを機関管理者
が削除する機能は実装されていない．機関ライセンスの対象となるか否かは Pavlovia
アカウントを登録したときのメールアドレスで判断されることや，一度 Pavlovia アカ
ウントを登録してしまえばその後メールアドレスが使用できなくなってもアカウント
は有効であることを考えると，すでに転出した人物が機関ライセンスで実験を実行し
ようとすることが起こりうる．承認を有効にしていれば，このような利用者の実験は
承認しないという対策をとることができる．Pavlovia も 2018 年 7 月のサービス開始
から 3 年以上経過し，登録後に所属機関を移動したユーザーも無視できない数となっ
ているだろう．今後，こういったユーザーの管理機能が強化されることが予想される．

索　　引

索　　引

P

pi (定数)　141
psychoJS.setRedirectUrls()　144

R

randint()　114
random()　114
round()　135
rt (属性)　124

S

shuffle()　114
status (属性)　146
str()　118
sum()　121

T

t (内部変数)　134
thisN (属性)　118
True　122

U

unknown resource (エラーメッセージ)　123

あ　行

演算子　101, 157
演算の優先順位　130
円周率　141

音声ファイルの形式　145

か　行

改行文字　154
画像ファイルの形式　105
関数　108, 157

機関ライセンス　2, 56
キーボード
　検出するキーの指定　17
　すべてのキー押しを記録　147
　反応の正誤を得るコード　102
　複数 Keyboard コンポーネントを配置する
　　148
　不要な情報を記録しない　34

クレジット　2
　購入　7
　プロジェクトへの割り当て　55

コメント (Python)　125
コンポーネント　10
　オンライン未対応のものを隠す　104
　削除　13
　実行順序　41, 103
　条件式で開始／終了　147

さ　行

時間
　実験開始からの――　136
　精度　136, 137
　ルーチン開始からの――　134
式　101
実験情報ダイアログ　16
　URL への値の埋め込み　58
　実験実行中に値を利用　44, 99, 143
　選択式の項目　43
実験データファイル　27
　中断された実験の保存 (Pavlovia)　57
実験の公開範囲　76
実験の実行
　Python で――　15
　一時 URL (piloting)　55
　キャッシュの削除　49
　終了時に別ページへ移動　65, 143
　中断　24
　ローカルデバッグ　46
「実験の設定」ダイアログ　35
条件ファイル　20

著者略歴

十河宏行
そ ごう ひろ ゆき

1973 年　大阪府に生まれる
2001 年　京都大学大学院文学研究科博士後期課程修了
現　在　愛媛大学法文学部教授
　　　　博士（文学）

PsychoPy/Pavlovia によるオンライン実験　　定価はカバーに表示

2022 年 5 月 1 日　初版第 1 刷

著　者　十　河　宏　行

発行者　朝　倉　誠　造

発行所　株式会社　朝　倉　書　店
　　　　東京都新宿区新小川町 6-29
　　　　郵 便 番 号　162-8707
　　　　電　話　03(3260)0141
　　　　F A X　03(3260)0180
　　　　https://www.asakura.co.jp

〈検印省略〉

中央印刷・渡辺製本

ISBN 978-4-254-52031-6　C 3011　　　Printed in Japan

愛媛大 十河宏行著
実践Pythonライブラリー

心理学実験プログラミング
―Python/PsychoPyによる実験作成・データ処理―

12891-8 C3341　　　　　A 5 判 192頁 本体3000円

Python（PsychoPy）で心理学実験の作成やデータ処理を実践。コツやノウハウも紹介。〔内容〕準備（プログラミングの基礎など）／実験の作成（刺激の作成，計画）／データ処理（整理，音声，画像）／付録（セットアップ，機器制御）

愛媛大 十河宏行著
実践Pythonライブラリー

はじめてのPython & seaborn
―グラフ作成プログラミング―

12897-0 C3341　　　　　A 5 判 192頁 本体3000円

作図しながらPythonを学ぶ〔内容〕準備／いきなり棒グラフを描く／データの表現／ファイルの読み込み／ヘルプ／いろいろなグラフ／日本語表示と制御文／ファイルの実行／体裁の調整／複合的なグラフ／ファイルへの保存／データ抽出と関数

Peirce,J.・MacAskill,M.著　京大 蘆田　宏・
愛媛大 十河宏行監訳

PsychoPyでつくる心理学実験

52029-3 C3011　　　　　A 5 判 328頁 本体4800円

心理学実験作成環境の開発者による解説書。プログラミングなしに作成可能な基本から，Pythonによる上級者向けの調整まで具体的な事例を通して解説。〔内容〕画像／タイミング・刺激／フィードバック／無作為化／アイトラッキング／他

前首都大 市原　茂・岩手大 阿久津洋巳・
お茶女大 石口　彰編

視覚実験研究ガイドブック

52022-4 C3011　　　　　A 5 判 320頁 本体6400円

視覚実験の計画・実施・分析を，装置・手法・コンピュータプログラムなど具体的に示しながら解説。〔内容〕実験計画法／心理物理学的測定法／実験計画／測定・計測／モデリングと分析／視覚研究とその応用／成果のまとめ方と研究倫理

立命館大 北岡明佳著

イラストレイテッド　錯視のしくみ

10290-1 C3040　　　　　B 5 判 128頁 本体2900円

オールカラーで錯視を楽しみ，しくみを理解する。自分で作品をつくる参考に。〔内容〕赤くないのに赤く見えるイチゴ／ムンカー錯視／並置混色／静脈が青く見える／色の補完／おどるハート／フレーザー・ウィルコックス錯視ほか

旭川医大 高橋雅治・
D.W.シュワーブ・B.J.シュワーブ著

心理学英語［精選］文例集

52021-7 C3011　　　　　A 5 判 408頁 本体6800円

一流の論文から厳選された約1300の例文を，文章パターンや解説・和訳とあわせて論文構成ごとに提示。実際の執筆に活かす。〔構成〕本書の使い方／質の高い英語論文を書くために／著者注／要約／序文／方法／結果／考察／表／図

名古屋工業大 小田　亮・九大 橋彌和秀・東大 大坪庸介・
慶大 平石　界編

進化でわかる人間行動の事典

52305-8 C3511　　　　　A 5 判 320頁 本体5000円

「食べる」「考える」「結婚する」など，ヒトの日常的な行動について，主に行動の機能と進化史に焦点を当て解説した中項目事典。コラムや用語解説も盛り込み，人間行動進化学がヒトを観る視点について知ることができる。〔項目例〕遊ぶ／争う／歌う／産む／浮気をする／噂をする／老いる／教える／賭ける／飾る／感じる／考える／嫌う／結婚する／恋する／殺す／差別する／嫉妬する／想像する／育てる／食べる／だます／仲直りする／罰する／まねる／病む／笑う／踊る等

日本基礎心理学会監修
坂上貴之・河原純一郎・木村英司・
三浦佳世・行場次朗・石金浩史責任編集

基礎心理学実験法ハンドブック

52023-1 C3011　　　　　B 5 判 608頁 本体17000円

多岐にわたる実験心理学の研究法・実験手続きを1冊で総覧。各項目2ないし4頁で簡潔に解説。専門家・学生から関心のある多様な分野の研究者にも有用な中項目事典。〔内容〕基礎（刺激と反応，計測と精度，研究倫理，など）／感覚刺激の作成と較正（視覚，聴覚，触覚・体性など）／感覚・知覚・感性（心理物理学的測定法，評定法と尺度校正など）／認知・記憶・感情（注意，思考，言語など）／学習と行動（条件づけなど）／生理学的測定法（眼球運動，脳波など）／付録